바레
교과서

발레와 재활 필라테스의 효과를 결합하다

바레 교과서

이가람 지음 | 홍정기 감수

A Trainer's Introduction to Barre

현익출판

목 차

움직임을 잃어가는 현대인들   008

1장 근골격계 문제와 자세 측정 기법

운동을 해도 통증이 지속되는 이유   014

- 이상적이지 않은 자세와 근육 불균형   016
- 활성화되지 않는 코어 안정화 시스템   018
- 고유 수용성 감각 저하와 조절되지 않는 움직임   020
- 두려움과 불안   021

자세 및 고유 수용성 감각 측정   022

- 이상적인 정렬   022
- 자세 관찰   023
- 외발서기 테스트   028

2장 클래식 발레와 바 운동

통증을 위해 필요한 전략, 발레 032
- 귀족들의 움직임으로 시작되어 발전된 발레 032
- 메디컬 바레의 정의 034
- 메디컬 바레의 효과 035

3장 바레 트레이닝의 해부학적 이해와 기본 원리

해부학 기본 개념 040
- 해부학적 자세 041
- 운동 면 042
- 해부학적 방향과 위치 044
- 신체의 움직임 045
- 뼈대, 골격 048
- 관절 050
- 근육 053
- 근수축의 종류 059
- 근육의 길항작용 061

메디컬 바레 기본 움직임 원리 063
- 발레 스탠스의 기본 원리 064
- 발의 자세 066
- 팔의 자세 070
- 신체의 위치 및 방향 072
- 응용 기술 074
- 바레 트레이닝 시 시작 자세 및 주의사항 075

4장 부위별 통증과 메디컬 바레

발과 발목

- 발과 발목의 구조   082
- 발과 발목의 정렬   084
- 유연한 발과 안정된 발목을 위한 움직임   085

무릎

- 무릎의 구조   092
- 무릎의 정렬   094
- 무릎 안정성을 위한 주변 근육 강화 움직임   095

고관절

- 고관절의 구조   104
- 고관절 가동성과 턴 아웃   107
- 고관절 통증을 위한 분리된 움직임   108

골반

- 골반의 구조   115
- 골반의 정렬   117
- 골반 균형을 위한 움직임   118

허리

- 척추의 구조와 허리 관련 근육　　　　　　　　　　124
- 척추 정렬과 풀업　　　　　　　　　　　　　　　127
- 허리 통증을 위한 몸통의 부드러운 움직임　　　　129

등

- 흉추와 갈비뼈의 구조　　　　　　　　　　　　　137
- 횡격막과 호흡　　　　　　　　　　　　　　　　138
- 등 통증을 위한 다양한 면에서의 흉추 움직임　　140

어깨

- 어깨의 구조　　　　　　　　　　　　　　　　　146
- 견갑상완리듬　　　　　　　　　　　　　　　　149
- 어깨 통증을 위한 안정되고 유연한 폴 드 브라　150

머리와 목

- 머리와 목의 구조　　　　　　　　　　　　　　　160
- 경추의 정렬과 턱 당김　　　　　　　　　　　　162
- 편안한 목을 위한 머리 위치 잡기　　　　　　　164

마치며　　　　　　　　　　　　　　　　　　　　171

참고문헌　　　　　　　　　　　　　　　　　　　173

움직임을 잃어가는 현대인들

Modern individuals losing mobility

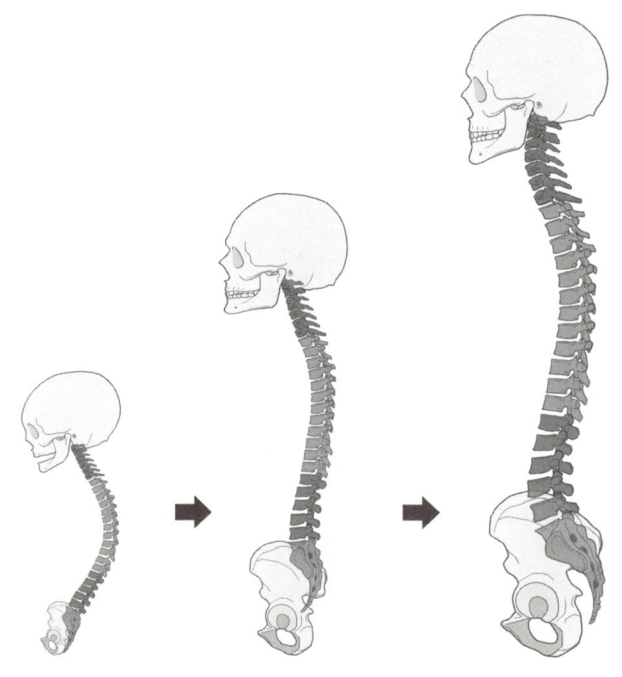

성장에 따른 척추의 형태

성장기 아이들의 근골격계 발달을 살펴보면 갓 태어났을 땐 척추 모양이 C커브 형태를 보이다가 기어다니고 걷기 시작하면서 S커브가 형성되며 몸의 균형과 자세를 발전시킵니다. 걷기와 뛰기를 통해 근육과 뼈가 발달하는

데 이는 올바른 자세와 신체 균형을 유지하는 데 결정적인 역할을 합니다. 따라서 이 시기에 올바른 움직임을 교육하고 활동적인 생활습관을 통해 아이들의 근골격계 건강을 키워주는 것이 굉장히 중요합니다. 하지만 요즘 아이들은 움직이기 싫어할 뿐 아니라 놀이터에서조차 뛰어놀지 않습니다. 어릴 때부터 신체 활동보다는 책상에 앉아서 하는 공부의 비중이 높고 휴식 시간에는 스마트폰이나 게임을 하는 등 다른 흥미로운 매체를 더 선호합니다. 서울시 교육청 조사에 따르면 아이들이 운동하지 않는 이유 1위가 '시간이 없어서'이고 2위는 '좋아하지 않아서'라고 합니다.

 학교에서 하는 신체 활동을 살펴보면 일주일에 2시간 있는 체육시간을 제외하고는 계단 오르기가 전부이고, 하교 후에는 학원에 가서 앉아있는 시간이 대부분입니다. 심지어 전혀 운동하지 않는 학생들도 있습니다. 성인은 어떨까요? 편리한 생활이 증가함에 따라 성인들의 일상 움직임 역시 크게 변화했습니다. 스마트폰과 인터넷을 통해 손쉽게 편의시설을 이용하거나 배달을 시킬 수 있어, 굳이 두 발로 걸어 다니지 않아도 여러 일상적인 일들을 처리할 수 있게 되었습니다. 특히 직장인들은 출퇴근 시간에도 스마트폰을 사용하며 구부정한 자세로 시간을 보내는 경우가 많습니다. 이러한 변화는 신체 활동 부족과 자세 문제를 초래할 수 있으며, 장기적으로는 퇴행성 질환에 빠르게 노출될 수 있습니다.

 세계보건기구[WHO]는 신체 활동이 심장 건강, 신체적 건강, 정신 건강에 긍정적으로 작용하며 심혈관 질환, 암, 당뇨병과 같은 비전염성 질환을 예방하고 관리하는 것이 중요하다고 강조합니다. 그러나 전 세계적으로 신체 활동 부족으로 인한 문제가 심각하게 증가하고 있으며, WHO는 세계 인구 4명 중 1명만이 권장 신체 활동 수준을 충족시키고 있다고 보고하고 있습니다. 한국 역시 기대수명이 증가하면서 건강수명을 늘리는 것이 중요 과제가 되었습니다. 한국개발연구원[KDI]에 따르면 한국인의 건강수명은 2016년 기준으로 64.9세로 보고되고 있습니다. 이처럼 평균 기대수명이 길어지고 있지만, 건강수명은 전체 기대수명에 비해 현저히 짧습니다. 이는 주로 만성 질환의 증가, 비만 문제, 신체 활동 부족 등 생활습관의 변화와 관련이 있습니다.

운동뿐 아니라 평상시 움직임이 적었던 중장년들이 잘못된 자세로 무리하게 운동하거나 맞지 않는 강도로 운동하다가 더 큰 부상을 당하는 경우가 많습니다. 실제로 운동센터에서 1:1 수업을 지속적으로 결제하는 고객 대부분은 중장년층으로 통증이나 대사질환 등 필요에 의해 건강관리를 시작합니다. 하지만 이미 자세는 불균형하고 오랜 통증으로 관절의 가동범위가 줄어들어 있기 때문에 그동안 해왔던 움직임이 아닌 새로운 움직임을 무리하게 시도할 경우 관절에 더 큰 부담을 주게 됩니다. 새로운 움직임을 시도할 땐 근육을 비대하게 만드는 것이 아닌 안정성과 가동성이 강조되어야 하고, 이와 더불어 신경계, 근골격계의 정교한 협응Coordination을 통해 가장 안전하고 효율적인 움직임을 추구해야 합니다.

시간에 쫓기는 일상에서 어떻게 하면 근골격계의 기능을 유지할 수 있을까요? 가장 현실적인 대안은 모든 일상의 움직임을 운동처럼 바꾸는 것입니다. 평소 출근길, 엘리베이터를 기다리거나 신호등 앞에서 대기할 때, 장을 보며 무거운 짐을 들 때, 의자에서 앉아있을 때, 일어날 때 등 일상 속 모든 순간의 움직임 패턴을 건강하게 바꾸고 습관적으로 틈틈이 운동해야 합니다.

이 책은 신체를 움직여야 하는 이유와 통증 없이 움직이는 방법에 대한 솔루션을 소개합니다. 기존 바레 트레이닝은 발레의 우아함과 필라테스, 요가, 전통적인 근력 운동을 결합하여 피드백이 즉각적인 피트니스 프로그램으로 인기를 끌고 있습니다. 메디컬 바레는 기존의 바레 트레이닝을 한 단계 더 발전시킨 것으로 재활 기술을 통합하여 신체 건강을 증진시키고 부상이나 만성통증의 회복을 돕는 데 중점을 두고 있습니다. 이 프로그램은 다양한 연령대 누구에게나 효과적이며 신체의 균형을 회복하고 통증 없는 우아한 움직임을 가능하게 합니다. 바레 트레이닝은 관절의 가동범위를 높이고 고유 수용성 감각을 강화하여 신체의 불균형을 해소할 수 있도록 설계되었습니다. 바레 트레이닝을 올바르게 수행할 경우 일상생활의 움직임을 개선하는데 도움이 될 뿐 아니라 통증을 개선하고 잠재적인 신체능력을 높일 수 있습니다. 이 책은 운동 지침서를 넘어서, 현장에서 활동하는 강사가 고객에게 적용할 수 있는 실용적인 기능을 담았습니다. 단순히 동작을 가르치는 것이 아니라 어떤 효과를 기대하며 동작을 적용해야 하는지, 해부학적 이해를 바탕으로 설명하고 있어 수업을 더욱 풍성하게 만들어 줄 것입니다.

1장

근골격계 문제와 자세 측정 기법
Musculoskeletal issues and
posture measurement techniques

운동을 해도 통증이 지속되는 이유

- 이상적이지 않은 자세와 근육 불균형
- 활성화되지 않는 코어 안정화 시스템
- 고유 수용성 감각 저하와 조절되지 않는 움직임
- 두려움과 불안

운동을 해도 통증이 지속되는 이유
Reasons why pain persists despite exercising

열심히 운동해도 만성적인 통증이 사라지지 않는 사람들이 있다. 그 이유는 무엇일까? 노화, 부상 및 건강 상태, 자신의 상태를 고려하지 않은 강도, 준비와 정리운동의 부족 등 다양한 이유가 있겠지만 가장 고려해야 할 부분은 잘못된 자세와 효율적이지 못한 움직임이다. 우리 인체에는 뼈와 관절, 근육 등 약 140여 개의 관절이 있고 평생 사용할 수 있다면 좋겠지만 관절의 수명에도 한계가 있다. 잘못된 방법으로 과하게 움직이거나 지나치게 움직임이 적은 관절들은 퇴행이 빠르게 진행되고 이는 곧 통증으로 연결된다.

또 인체에는 약 640개 이상의 근육이 존재한다. 하지만 나이가 들어갈수록 우리는 이 많은 근육을 일상생활이나 운동을 통해서도 골고루 사용하지 못한다. 몇 가닥의 근육만으로 매일 같은 일상을 살아가고 좋지 못한 자세로 반복적으로 움직인다. 이것은 근골격계와 신경에 비정상적인 스트레스를 준다. 지속적인 힘은 구조물을 변화시켜 통증을 일으키기 때문에 올바른 방향으로 운동하지 않으면 통증의 굴레에서 쉽게 벗어나기가 어렵다.

이를 해소하기 위해 중량운동Weight training이나 편측 운동(골프, 테니스, 배드민턴 등)을 하기도 한다. 하지만 뇌는 움직임 패턴을 기억하고 저장하기 때문에 평소 잘못된 자세로 사용하던 근육을 다시 반복적으로 동원하게 된다. 사람의 몸은 다 다르기 때문에 운동의 부하는 굉장히 조심스럽게 결정되어야 한다. 무의식적으로 사용되어야 하는 안쪽 깊이 위치한 안정화 근육들이 깨어 있지 않은 상태에서 표면에 있는 큰 근육으로만 움직이고 있다면, 혹은 움직임, 균형, 연결을 무시한 채 동작과 횟수만 채우는 운동을 하게 된다면 통증을 해결하지 못하고 오히려 더 악화시킬 수 있다. 이를 예방하고 방지하기 위해 아래 내용을 참고한다.

1. 나의 현재 자세, 관절의 가동범위, 일상에서 나타나는 나쁜 습관이나 움직임을 인지한다.
2. 틈틈이 통증 없이 움직일 수 있는 관절 가동범위 안에서 동적 스트레칭Dynamic stretching을 한다. 이는 관절을 유연하게 하고 근육의 탄성을 좋게 한다.
3. 다양한 움직임을 통해 운동신경을 활성화시키고, 신체를 조절하는 능력을 높인다.

이상적이지 않은 자세와 근육 불균형
Non-ideal posture and muscular imbalance

과하게 구부러진 목, 등, 허리, 무릎　　　　　　과하게 펴진 등, 허리, 무릎

현대인에게 흔히 보이는 자세이다. 이상적이지 않은 자세는 관절, 인대, 근육을 비효율적으로 사용하게 하고 불균형이 지속되면 통증을 동반하거나 손상 또는 퇴행을 빠르게 일으킨다. 즉, 한 자세로 오랜 시간을 보내거나 한가지 움직임을 반복하면 한쪽 근육이 늘어나고 반대쪽 근육은 수축하는 근육 불균형이 생기기 쉽다. 이는 관절을 안정화시키는 내재근들의 활성화를 방해하고 협응Coordination능력 또는 인지능력의 저하를 유발할 수 있다. 장기적으로 신체적 또는 심리적인 문제로 연결될 가능성이 있고, 호흡기, 순환기, 소화기계의 효율과 작용을 떨어트린다. 운동을 하는 동안에도 이상적이지 않은 동작을 반복한다면 사용되어야 할 근육이 아닌 잘못된 근육이 사용되거나, 하나의 근육이 과도하게 사용되어 손상을 일으킬 수 있다. 통

증의 근본적인 이유는 바로 불균형에 있기 때문에 주사나 약물치료를 통해 일시적으로 통증이 사라진 것처럼 느껴지더라도 근본적인 이유를 해결하지 않는다면 통증은 다시 반복된다. 바레 트레이닝은 자신에게 맞는 가장 이상적이고 편안한 정렬 안에서 움직여야 하기 때문에 동작을 지도하는 강사는 고객의 자세와 움직임을 보는 눈을 키워야 한다. 자세를 수정할 때는 과도한 힘이 들어가지 않도록 어렵지 않은 언어와 부드러운 터치로 고객의 자세를 수정한다.

근막의 경직
Fascia stiffness

근막은 근육 및 신체의 여러 기관을 감싸고 있으며 섬유질로 이루어진 막으로 근육의 안정성을 제공하고 움직임을 조절한다. 근육의 수축과 이완에 영향을 주고, 근육 활동에 필요한 산소와 영양분을 공급하며 대사작용을 돕는다. 근막은 발가락에서 머리(이마)까지 신체 전체에 그물망처럼 연결되어 있어 인체의 각 부분을 독립시킴과 동시에 연결해 주고 근처 조직의 완충제 역할을 한다.

근막의 85%는 수분으로 이루어져 있고 콜라겐과 엘라스틴으로 구성되어 있다. 이 두 가지 단백질은 늘어나고 줄어들면서 자세와 움직임을 원활하게 할 수 있도록 돕기 때문에 '제 2의 골격'이라고도 불린다. 장시간 같은 자세를 유지하거나 과사용되면 근육이 늘어난 상태에서 경직되기도 한다. 이때 근막 또한 경직되어 회복력을 잃게 되는데 변형이나 당김이 발생하고 혈액순환이 되지 않아 움직임에 제한이 생기거나 통증이 일어나기도 한다. 이러한 통증은 MRI나 엑스레이 등 병원 검사로는 특별한 이상을 발견하기 어려울 수 있는데 이를 근막 통증 증후군이라고 부른다.

근막 통증 증후군의 원인은 부상이나 과사용으로 인한 근육 및 근막의 손상, 잘못된 자세로 인한 근육 및 근막의 불균형, 과도한 스트레스, 만성 질환이나 염증, 수분부족 등으로 다양하다. 이러한 통증은 근막의 기능과 탄성 회복을 통해 수용성을 높이면 완화될 수 있다. 바레 트레이닝은 신체에 의해 그려지는 선, 상반되는 균형의 관계, 스텝과 포즈에서 연결되는 연속성을 통해 신체를 통합적으로 움직이는 운동으로 이전에는 경험해 보지 못한 새로운 움직임과 다양한 면에서 무리 없는 동작으로 근막의 기능 회복에 도움을 준다.

활성화되지 않는 코어 안정화 시스템
Inactive core stabilization system

'코어'는 신체의 중심으로 허리와 골반 주변에 위치한 근육들을 통칭하는 말이다. 코어 근육은 몸통을 앞, 뒤, 옆으로 구부리거나 회전하는 동작을 수행할 때 손상을 방지하고 더 나은 동작을 할 수 있도록 돕는다. 따라서 코어는 '좋다' '나쁘다' '강하다' '약하다'라는 표현보다는 코어를 얼마나 잘 조절 Control 할 수 있느냐에 따라 그 기능을 평가하게 된다.

심부에 위치한 코어 근육인 국소 안정화 근육Local stabilizers에는 횡격막(가로막)Diaphragm, 복횡근Transversus abdominis, 다열근Multifidus, 골반기저근 Pelvic floor muscles이 있다. 인체의 움직임이 시작되는 곳으로 호흡 기능을 담당하며 각 관절의 고정과 미세한 조절을 통해 척추가 체중과 중력의 부하에 맞서 우리 몸을 효율적으로 지지할 수 있도록 지구력과 안정성을 제공한다. 움직일 때 동시 수축을 통해 안정성을 확보하고, 마치 압력밥솥처럼 복강 내의 압력(복강내압)Intra abdominal pressure을 유지하는 역할을 한다.

또 흉요근막의 긴장을 높여주고 척추 사이와 분절 간의 안정성을 높이며 상체와 하체에 힘을 전달하는 매우 중요한 역할을 하고 있다.

심부 코어를 돕는 근육Core supporters은 표면에 위치한 대근육으로, 무게 중심을 이동시키는 외적인 힘에 대응한다. 이 근육들은 표층에 위치하여 앞에서는 복근Abdominals이, 뒤에서는 척추주위근Paraspinals과 둔근Gluteals이, 아래에서는 골반대Pelvic girdle가 중앙에서 큰 힘을 효율적으로 사용할 수 있게 하고, 몸통의 움직임에 관여하며 외력을 버티게 해 준다. 이 근육들 중 척추 뼈에 직접 부착되어 있지 않은 근육은 척추 분절을 안정화시키기 어렵지만 척추의 분절마다 부착되어 있는 근육들은 움직임의 방향과 상관없이 작용하며 척추의 움직임을 지지한다.

심부 코어의 기능부전은 대근육의 긴장을 유발하고 이는 신체 정렬에 부정적인 영향을 주며 불균형과 통증으로 연결될 수 있다. 간혹 코어 강화운동을 과도하게 실시한 나머지 요추에 경직된 움직임을 유발하여 통증을 심화시키기도 한다. 바레 트레이닝은 인대의 안정화 시스템과 심부에 위치한 국소 안정화 근육을 활성화시키면서 외력에 버티는 대근육의 조화로운 작용을 목표로 한다. 이를 위해 고객의 컨디션과 상태를 고려한 시퀀스 프로그래밍과 세밀하게 나눈 최소범위 동작이 선행되어야 한다.

고유 수용성 감각 저하와 조절되지 않는 움직임
Proprioceptive sensory impairment and involuntary movements

고유 수용성 감각이란, 수 많은 자극으로부터 오는 정보를 이해하고 몸에 반영하는 뇌의 능력이다. 관절의 움직임과 위치, 움직임의 속도, 근 수축을 조절하고 내 몸이 어디에 위치하고 어떻게 움직이는지 느끼는 감각이기 때문에 '인지능력'이라고도 한다. 이 능력이 좋은 사람은 몸이 뇌에서 내려온 명령을 잘 수행하기 때문에 흔히 '운동신경이 좋다'라고 표현하기도 한다. 이 감각이 떨어지는 사람은 강사의 큐를 듣거나 시연Demonstration을 보고도 동작으로 연결하는 것이 어려울 수 있다. 또 이상적이지 않은 자세를 하더라도 불편함을 인지하지 못하기 때문에 이를 교정하는 것이 쉽지 않다. 움직일 때 어색하고 불안정하며 걷다가 쉽게 발목을 접질리거나 잘 넘어지고, 작은 움직임에도 부상을 당한다. 이는 내 몸으로 느끼는 감각과 관절을 안정화하는 능력이 떨어지기 때문이다. 특히 운동신경의 둔화는 통증신경을 활성화시켜 근육의 긴장도를 높인다. 높인다. 발레는 고유 수용성 감각을 훈련하는 훌륭한 수단으로, 인지능력 뿐 아니라 감정과 공감 능력을 풍부하게 한다. 하나의 예로 외국은 공연장 특성상 뒷줄 관객까지 잘 볼 수 있도록 무대를 경사지게 만든다. 이런 환경에서도 발레리나들은 토슈즈를 신고 외발로 밸런스를 유지하며 아름다운 동작을 선보인다. 이 정도로 발레리나들의 자세조절 능력은 뛰어나다. 바레 동작은 이러한 발레 동작에서 착안되어 근육에 있는 운동신경 향상에 큰 도움이 되며 신체 균형, 자세, 기술, 제어 등에 집중하면서 크고 작은 움직임 시 내 몸을 조절할 수 있게 돕는다.

두려움과 불안
Fear and anxiety

　병원에서는 특별한 이상이 없다고 하는데 수개월 동안 지속되는 만성통증 때문에 고통스러워 하는 사람이 많다. 도대체 이 통증의 원인은 무엇일까? 통증은 우리 몸을 보호하기 위한 반응으로 불안감과 걱정이 만성통증으로 이어질 수 있다. 불안감은 과도한 경계심을 가져오기 때문에 통증이 있었던 부위를 조금만 움직여도 마치 통증을 느끼는 것 같은 예민한 상태가 된다. 이로 인해 경직되어 있는 근육섬유 속 신경들이 압박을 받게 되고, 중추신경계로 제대로 된 정보를 보내지 못해 가동범위가 줄어들게 된다.

　또 통증이 있는 부위 대신 반대편 혹은 주위에 있는 다른 근육을 과도하게 사용하여, 결과적으로 통증에 대한 두려움 때문에 근골격계의 불균형을 초래하게 되고 통증의 악순환에서 더욱 빠져나오기 어려워진다. 따라서 통증에 대한 스트레스가 많은 상황에서는 가동범위를 부담스럽게 늘리거나 동작의 난이도가 어려운 운동법으로는 효과를 보기 어려울 수 있다.

　통증 관리의 핵심은 개인이 쉽게 따라할 수 있는 동작을 통해 가능한 범위 내에서 편안하게 움직이게 하는 것이다. 바레 동작은 통증이 없는 구간에서의 부드럽고 자연스러운 신체 조절을 경험함에 따라 자신감을 심어주고, 이에 적응하게 하여 통증에 대한 예측을 줄여준다.

자세 및 고유 수용성 감각 측정
Posture measurement and evaluation

이상적인 정렬
Ideal alignment

인간은 선 자세, 앉은 자세, 누운 자세와 같은 정적인 자세에서도 마치 살랑살랑 움직이는 갈대처럼 끊임없이 변화한다. 보행하고 달리고 춤을 추는 등 동적인 자세에서도 모든 신체 부위가 계속 달라진다. 때문에 좋은 자세를 정확하게 정의하는 것은 쉽지 않고 정상과 비정상으로 나누는 것도 어렵다. 하지만 자세평가를 기반으로 바레 프로그램을 구성하려면 이상적인 자세의 정의가 필요하다. 좋은 자세는 뼈와 관절 인대 등 구조물들에 가해지는 부하를 최소로 하는 것이라고 볼 수 있다. 이것은 곧 편안함, 균형, 무의식적인 우아함, 불필요한 것이 없는 움직임을 의미하고, 이상적인 척추의 만곡, 골반의 위치, 하체 관절들의 정렬이라고 볼 수 있다.

예를 들어 캠핑장의 텐트를 상상해 보자. 수평 바닥 위 폴Pole의 정렬과 사방에서 팽팽하게 펼쳐져 있는 천의 장력은 텐트에 안정감을 만든다. 이 중 무엇 하나라도 균형을 잃게 되면 정렬이라고 볼 수 없고, 쉽게 휘어질 수 있다. 인간의 몸도 마찬가지이다. 중력에 대항하며 뼈대와 근육들이 단단하게 지지하고 있기 때문에 인간은 직립 자세를 유지할 수 있으며, 근육만으로는 직립을 유지하기 어렵다. 시각이나 전정감각 등 감각 정보를 중추신경계로 보내 인대, 힘줄, 근육이 조절되며 이는 특히 머리의 자세와 움직임에 관여한다. 좋은 자세가 주는 장점으로는 자세를 안정화하는 모든 근육이 조절되고, 움직임의 효율성이 높아진다는 것이다. 또 노화에 따른 골격의 퇴행을 최대한 늦춰주고, 만성통증을 완화시키며 여성의 경우 임신 또는 출산과 관련된 후유증에 도움이 된다. 자신감과 행복감 등 심리적인 부분에도 영향을 미친다.

자세 관찰
Posture observation

수업 현장에서는 이상적인 자세를 찾는 것이 어렵다. 자세는 성별, 성향, 기분, 연령, 건강, 통증 및 수술이력 등 여러 상황에 영향을 받으며 선천적이거나 후천적으로 만들어진 나쁜 습관 혹은 퇴행성 변화의 영향으로 달라지기 때문이다. 또 고객의 상황과 그날의 컨디션에 따라 자세평가의 결과가 날마다 달라질 수 있다. 이전의 자세 그리고 측정에 따른 선입견을 갖지 않고 자세를 관찰하도록 한다.

고객은 거울이 없는 곳에서 편평한 바닥에 맨발로 선다. 눈을 감고 제자리 걸음을 몇 차례 걷게 한 뒤, 눈을 뜨고 다리를 골반 너비 정도로 벌려 편안하게 선자세를 취하게 하고 자세를 평가한다. 이때 강사는 고객에게 '바르게 서 보세요'와 같은 자세 수정 요청 없이 고객이 평소에 취하는 자세를 확인할 수 있어야 한다. 자세 관찰을 토대로 전반적인 평가를 시행하고 시퀀스를 프로그래밍하게 된다. 바레 수업을 진행하며 여러 시작 자세를 통해 정렬을 확인해 볼 수 있으며 동작을 진행하면서 근육 불균형을 확인한다.

수업 진행 내내 고객의 시작 자세와 더불어 다양한 방향에서 움직임을 면밀하게 관찰하도록 한다.

자세를 측면에서 관찰하면 전반적인 모양을 효율적으로 파악할 수 있는데 보편적으로 많이 사용되는 방법이다. 측면에서 봤을 때 이상적인 정렬은, 중력선(수직선)Line of gravity이 가쪽 복사뼈에서 약간 앞쪽과 무릎 관절축 앞쪽 부분을 지나 고관절 대전자(고관절 축의 약간 뒤쪽)Greater trochanter와 몸통Trunk 가운데를 거쳐 어깨관절(상완골두)Humeral head과 외이도(바깥귀에서 가운데귀로 이어지는 길)External auditory canal를 지나간다.

다음은 강사가 고객의 측면에서 자세를 관찰할 때 확인할 수 있는 것들이다.

- 가쪽 복사뼈와 비골두의 위치를 통해 발목관절의 과굴곡과 과신전이 있는지 관찰한다.
- 가쪽 복사뼈, 비골두, 고관절 대전자의 위치를 통해 무릎 관절에 반장슬Back knee이 있는지 관찰한다.
- 골반 앞쪽 돌출되어 있는 전상장골극(ASIS: Anterior superior iliac spine)과 고관절 대전자의 위치를 통해 고관절의 과굴곡 및 과신전이 있는지 관찰한다.
- ASIS와 골반 뒤쪽 돌출되어 있는 후상장골극PSIS: Postero superior Iliac Spine의 위치를 통해 골반의 전방경사와 후방경사가 있는지 관찰한다.
- 흉추의 만곡을 촉진하여 편평 등Flat back 및 굽은 등Sway back이 있는지 관찰한다.
- 중력선을 기준으로 어깨관절을 비교하여 말린 어깨Round shoulder

가 있는지 관찰한다.
- 어깨관절과 귓볼이 일직선인지 비교하여 거북 목$^{\text{Text neck}}$이 있는지 관찰한다.

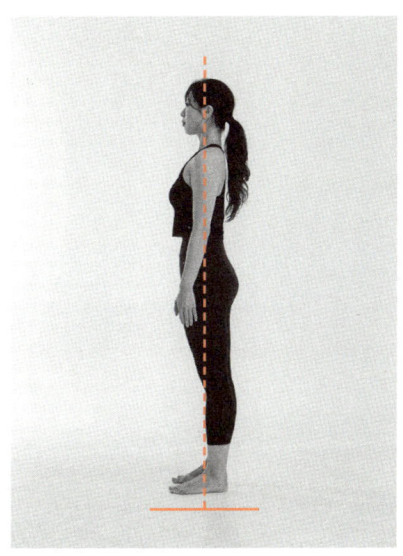

측면 자세 관찰

다음은 강사가 고객의 전면에서 자세를 관찰할 때 확인할 수 있는 것들이다.

- 안쪽 복사뼈의 위치를 통해 발목관절의 과도한 엎침^{Pronation}이나 뒤침^{Supination}이 있는지 관찰한다.
- 무릎의 위치를 통해 내반슬(O다리)$^{\text{Genu varum}}$ 및 외반슬(X다리)$^{\text{Genu valgum}}$이 있는지 관찰한다.
- 양쪽 ASIS의 위치를 비교해 골반의 틀어짐$^{\text{Pelvic elevation}}$과 회전$^{\text{Pelvic rotation}}$이 있는지 관찰한다.

- 양쪽 쇄골의 바깥쪽 끝을 비교해 어깨 높이에 차이가 있는지 관찰한다.
- 쇄골의 안쪽 끝 가운데와 코를 일직선으로 연결하여 비교해 목의 휘어짐이 있는지 관찰한다.
- 양쪽 귀의 크기를 비교해 머리의 회전이 있는지 관찰한다.

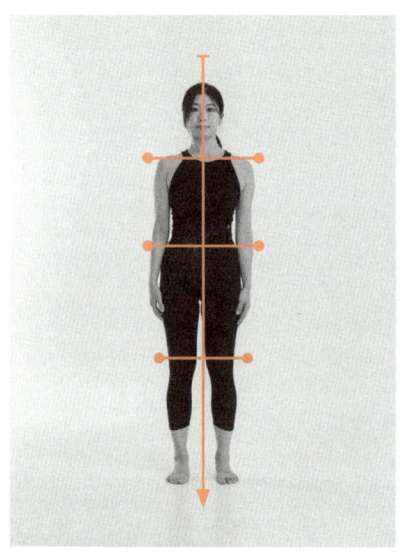

전면 자세 관찰

다음은 강사가 고객의 후면에서 자세를 관찰할 때 확인할 수 있는 것들이다.

- 아킬레스와 안쪽 복사뼈 모양을 통해 발목관절의 과도한 엎침과 뒤침이 있는지 관찰한다.
- 무릎 뒤 오금의 위치를 통해 과도한 내반슬이나 외반슬이 있는지 관찰한다.

- 양쪽 PSIS의 위치를 비교해 골반의 틀어짐이나 회전이 있는지 관찰한다.
- 척추 끝 튀어나온 극돌기를 촉진하여 척추에 휘어짐(척추측만증) Scoliosis이 있는지 관찰한다.
- 견갑골의 내측연이 평행하고 견갑골이 뜨지 않는지(익상 견갑골) Winging scapular 관찰한다.
- 머리의 위치를 통해 경추의 휘어짐과 회전이 있는지 관찰한다.

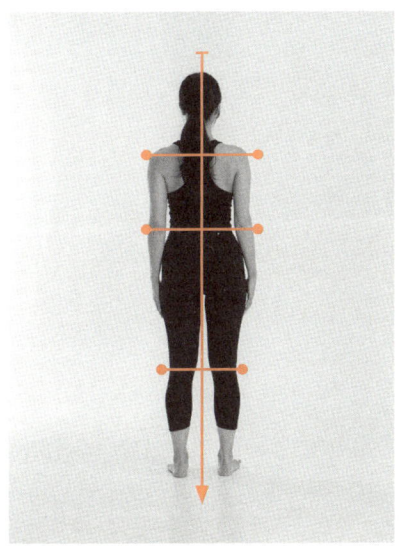

후면 자세 관찰

외발서기 테스트
Single leg balance

외발서기 평가

    서 있는 자세에서 한쪽다리를 바닥에서 떨어뜨려 외발서기(한 발로 서는 자세)를 한다. 3회 측정하여 평균을 기록한다. 이 평가를 통해 발목, 무릎, 고관절, 골반을 안정화하는 근육들의 활성도와 신체의 균형 능력을 확인할 수 있다. 가능한 경우 눈을 감고 서서 버티며 운동 신경의 민감도를 함께 측정해 볼 수 있다. 신경세포는 27세에 정점을 찍고 35세 이후 퇴화한다. 40대의 경우 눈 뜨고 외발서기는 30초 이상, 눈 감고 외발서기는 20초 이상 버텨야 평균에 맞는 신체나이를 가지고 있다고 할 수 있다. 하지만 처음 운동을 시작하는 대부분의 고객은 눈을 감지 않아도 10초를 버티기 힘들 것이다. 바레 트레이닝의 전, 후로 테스트를 실시하여 차이를 비교해 보자. 확실한 차이를 경험할 수 있을 것이다.

2장 클래식 발레와 바 운동
Classical ballet and barre workout

통증을 위해 필요한 전략, 발레

- 귀족들의 움직임으로 시작되어 발전된 발레
- 메디컬 바레의 정의
- 메디컬 바레의 효과

통증을 위해 필요한 전략, 발레
Strategies for pain management through ballet

귀족들의 움직임으로 시작되어 발전된 발레
Ballet evolved from noble movements

발레의 발상지는 이탈리아다. '춤을 추다'라는 뜻의 이탈리아어 발라레 Ballare에서 유래했다. 초기 발레는 오늘날과 같은 춤이 아니라 귀족들의 부와 권력을 과시하는 수단으로 사교댄스와 귀족 모임에서 선보이던 필수적인 교양이었다. 궁정 생활에서는 걷고, 인사하고, 손을 잡는 등 궁정 예절을 위해 발레를 배워야 했다. 르네상스 시대의 품위 있는 몸가짐과 움직임이 무대 위로 올라가서 춤이 되는데, 카트린 드 메디시스를 통해 프랑스로 전파되는 것을 계기로 루이 14세 때 왕립 아카데미가 설립되면서 발레는 구체화 된다.

초기의 발레는 하이힐을 신고 춤을 추었으며 낭만발레 시절에는 토슈즈를 신고 발끝 한점으로 서는 포인트Pointe 기법으로 발전된다. 낭만시대의 중력을 이기고 하늘을 날고자 하는 마음, 현실을 초월하고자 하는 마음이 발레의 기초가 되었다. 따라서 발레는 하늘을 날고자 하는 춤이며 지표면으로 떨어지려는 속성인 '중력'을 부정하는 춤이다. 이를 실현하기 위한 가장 기본적인 자세가 바로 발끝으로 서는 것이다.

세련되고 예술성이 풍부한 발레 동작은 인간의 신체를 더욱 아름답게 만들어 주며, 품위 있는 인성과 풍부한 표현을 가능하게 한다. 무용이 예술 영역에서 그 자리를 굳히게 된 것은 발레의 시작 이후라고 해도 과언이 아니다. 발레는 수세기에 걸쳐 다듬어진 동작과 표현 기법을 토대로 하며, 고전적이고 현대적인 주제를 안무적으로 해석하여 오늘날 다양한 형태와 장르의 레퍼토리를 갖춘 예술로 발전해 왔다. 발레는 어렸을 때 부터 고도로 훈련된 무용수가 선보이는 무대예술로서 테크닉과 예술성이 뛰어나기 때문에 그에 따른 엄격성이 함께 요구된다. 독특한 형식과 신체의 과학적 사용에 기인한 기교를 특징으로 하기 때문에 어떤 무용보다도 체계적인 교수법이 필요하다.

발레 수업은 기본적으로 바 연습Barre Work과 센터 연습Center Work으로 이루어지는데 특히 바 연습은 신체의 곧은 정렬과 올바른 자세 그리고 정확한 스텝을 위해 매우 중요한 연습 방법이다. 이러한 바Barre의 사용은 19세기 카를로 블라시스Carlo Blais(1794-1878)에 의해 최초로 행해졌으며, 쁠리에Plié로 시작해 해부학적 법칙에 따라 전개되는 이 연습은 그 후 모든 무용 연습의 기본 과정이 되었다. 그의 이론은 발레 연습을 할 때 인체에 적용되는 평형과 균형의 법칙에 근거하며 신체의 움직임을 지배하는 기하학적 구조에 대한 연구를 바탕으로 한다. 블라시스에 의해 완성된 연습방법은 이제 세계 공통으로 활용되고 있다.

오늘날의 발레는 모든 춤의 기본이 되어 발레 이외의 무용(한국무용, 현대무용, 댄스스포츠, 피겨, 리듬체조 등)을 구사하는 사람들에게도 발레의 기본기는 매우 중요하게 여겨진다. 이렇게 전통적이고 과학적인 바 트레이닝을 보다 효과적으로 시행 하기 위해서는 위해서는 여러 가지 기본 지식과 함께 그 순서에 따르는 유의점과 강조점을 정확히 알고 연습할 필요가 있다. 바레 트레이닝은 위와 같은 발레의 특성과 재활치료의 원리를 기반으로 만들어졌으며 이를 재활의 관점으로 접근하여 지도하기 위해서는 클래식 발레의 특성을 어느정도 이해하고 있어야 한다.

메디컬 바레의 정의
Definition of medical barre

바레는 현재 미국과 유럽에서 가장 트렌디한 운동으로 분류되며 발레의 기본동작을 응용하여 바와 소도구를 사용하는 운동법이다. 런던의 발레리나였던 로트버크Lotte berk가 부상 이후 재활과 발레를 결합한 운동법인 바레를 창시하였고, 이후 제자들이 운동법을 전수받아 스튜디오로 확장되었다. 오늘날 세계에서 가장 크고 가장 잘 알려진 바레 브랜드는 퓨어 바레Pure Barre로 근육을 탄탄하게 하고 근력, 민첩성과 유연성을 향상시키는 저중량 고강도 운동에 중점을 둔 독특한 전신 운동으로 다양한 콘셉트의 그룹 수업을 제공하고 있다.

우리나라에 소개되고 있는 바레 트레이닝은 발레에서 얻지 못하는 사지 근력을 소도구를 사용하여 보완하고 음악을 활용한 리드미컬한 동작을 통해 누구나 춤추듯 즐겁게 할 수 있는 운동이다. 이를 통해 코어, 밸런스, 가동범위 향상에 효과적인 동작들을 구사한다. 하지만 우리나라 여성들은 외국 여성에 비해 상대적으로 관절이 약하고 근력이 떨어져 있는 경우가 많다. 또 운동을 시작하기에 앞서 몸이 이상적인 정렬에서 벗어나 있는 경우가 많은데 이는 통증과 노화를 촉진하기도 한다. 이러한 사람들에게는 세심한 가동범위 설정과 상황에 맞게 설계된 운동 동작이 필요하다. 따라서 메디컬 바레Medical barre 트레이닝은 동양인의 체형과 근골격계의 특성을 고려해 만들어진 운동법이며 발레의 기본 원리와 스포츠의학의 기술이 접목

된 현세대를 위한 새로운 트레이닝이다.

메디컬 바레는 모든 관절이 다양한 면에서 움직임을 만드는 '홀 바디 무브먼트 Whole body movement'이며 이는 운동 콘셉트에 따라 다양한 리듬에 맞추어 실시하게 된다. 이러한 특징은 뇌와 신체 기능에 긍정적인 영향을 주어 근신경계 조절, 고유 수용성 감각 향상, 근육 불균형을 보완하고 전신의 연속적인 선을 연결시켜 근육의 안과 밖의 앙상블이 이루어지게 한다. 다양한 운동 효과를 극대화하기 위해서는 아주 쉬운 동작에서부터 점진적인 강도조절을 통해 다양한 성별과 연령층의 상실된 움직임을 회복하는 것을 우선으로 한다.

메디컬 바레의 효과
Effects of medical barre

바레 트레이닝은 각 연령대의 건강 상태에 맞춰 맞춤형으로 진행된다. 각 개인이 자신의 필요와 목표에 맞춰 즐겁게 건강을 유지할 수 있는 효과적인 운동 방법이다.

어린이 및 성장기 청소년 Children and adolescents
- 성장판 자극과 유연성 향상
- 정확한 자세와 신체 조절 능력 향상
- 리듬감 및 균형 감각 발달
- 자신감 증진을 통한 정서적 발달

성인 Adult

- 근력과 유연성 개선을 통한 일상생활 편의성 증대
- 자세 교정 및 스트레스 감소
- 대사 순환 기능 향상과 에너지 수준 증대
- 다이어트와 체중 관리에 효과적

장년층 및 시니어 Middle-aged and senior adults

- 안전한 동작과 함께 운동 기능 회복 및 근육 강화
- 관절 유연성 증가와 관절 건강 유지
- 균형 감각과 자세 제어 능력 향상
- 심신의 이완 촉진

산전산후 여성 및 갱년기 여성 Pregnant and postpartum women, and menopausal women

- 탄탄한 바디 라인 강화
- 골반의 균형 회복과 골반기저근의 기능 회복
- 호르몬 변화에 따른 정서적 지원
- 에너지 수준 증대와 전반적인 건강 개선

3장

바레 트레이닝의 해부학적 이해와 기본 원리

Anatomical Understanding and
Basic Principles of Barre Training

해부학 기본 개념

메디컬 바레 기본 움직임 원리

해부학 기본 개념
Basic concepts of anatomy

　메디컬 바레를 가르치는 지도자라면 최소한 이 책에 나오는 해부학 기초 지식은 습득하고 있어야 하고, 정확한 지식을 쉽게 전달할 수 있는 능력을 갖추어야 한다. 지도자는 아니지만 운동을 취미로 하는 사람들도 해부학을 알아야 할까? "아는 만큼 보인다"라는 말처럼, 근육의 위치와 기능을 이해하면 운동 시 특정 근육을 더 효과적으로 인지하고 활용할 수 있다. 예를 들어, 사람의 허벅지에는 네 갈래로 나누어진 대퇴사두근이라는 큰 근육이 있다. 만약 무릎의 기능이 떨어진 상태라면 대퇴사두근을 구성하는 네개의 근육 중 가장 내측^{Medial}에 위치한 내측광근의 기능에도 영향을 미치기 때문에 이 경우, 내측광근을 강화하는 운동을 하면 무릎의 안정성을 높이고 기능을 개선할 수 있다. 특정 근육의 기능향상이 필요한 경우, 해당 부위의 구조와 기능을 이해하고 있으면, 약해져 있는 특정 근육을 의식하며 집중적으로 강화할 수 있다. 결론적으로, 해부학 지식은 운동의 질을 높이고, 부상을 예방하며 회복에도 큰 도움을 준다. 운동을 해도 몸이 좋아지지 않거나 불편감과 통증이 지속되고 있다면 기본적인 해부학 지식을 갖추고 자신이 어떤 근육을 사용하며 움직이고 있는지 확인해 보는 것이 좋다.

　해부학 용어는 크게 '구용어' '신용어' '원어'로 나뉜다. 해부학 원어는 고대 그리스어와 라틴어로 이루어져 있는데, 학술적으로 전문 용어를 명명할 때 전 세계적으로 통일된 원어가 사용되기 때문에 해부학 단어들은 우선

원어를 참고해야 한다. 이 책의 해부학 관련 내용은 운동을 배우거나 지도할 때 도움이 될 수 있도록 참고용으로 작성되었으며, 전문 해부학 교과서는 참고문헌에 기재해 두었다.

해부학적 자세
Anatomical position

해부학적 자세

'해부학적 자세'란 몸이 정면을 바라보며 바르게 선 자세를 뜻한다. 발끝을 약간 벌려 나란히 놓은 후 발바닥은 바닥에 붙인 채 선 상태에서 양팔은 몸통 옆으로 내려 손바닥과 머리가 앞을 향하는 자세이다. 이 자세는 모든 동작의 기준이 되는 영점자세 Zero position이다. 해부학적 자세에서는 6가지 움직임인 굴곡, 신전, 외전, 내전, 외회전, 내회전과 같은 기본 동작이 이루어질 수 있다.

운동 면
Exercise planes

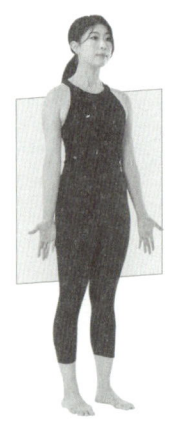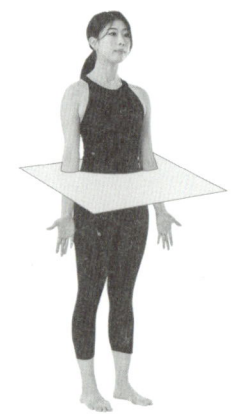

운동 면

움직임을 지정하고 설명할 때 해부학적 자세를 기준으로 신체를 3개의 운동면으로 나눌 수 있다. 정중면Median plane은 신체를 오른쪽과 왼쪽으로 나누는 가상의 면이다. 예를 들어 외전은 신체의 정중면에서 멀어지는 움직임이고 반대로 내전은 정중면으로 가까워지는 움직임이다. 시상면Sagittal plane은 정중면과 나란히 달리는 모든 면으로 신체를 좌우로 나누는 가상의 면이다. 시상면을 따라 일어나는 움직임은 굴곡과 신전의 움직임으로 팔꿈치를 구부리고 펴거나 다리를 앞과 뒤로 들어올리는 것, 발목의 포인, 플랙스와 같은 동작이다. 관상면Coronal plane과 이마면Frontal plane은 같은 의미로 신체를 앞과 뒤로 나누는 가상의 면이다. 관상면을 따라 일어나는 움직임은 외전, 내전, 외측굴곡과 같이 주로 좌우의 움직임으로 꽃게처럼 옆으로 걷기, 옆구리 늘리기, 팔 벌려 뛰기와 같은 동작이다. 수평면Horizontal plane과 가로면Transverse plane은 같은 의미로 신체를 위와 아래로 나누는 가상의 면이다. 수평면을 따라 일어나는 움직임은 가쪽돌림, 안쪽돌림, 뒤침, 엎침의 움직임으로 허리를 트위스트 하거나 손바닥을 뒤집는 것과 같은 회전동작이다.

운동 면과 축 요약

면	면의 설명	회전축	축의 설명	일반적인 움직임
시상(앞, 뒤)	신체를 좌, 우 반으로 나눔	관상(이마, 내외)	왼쪽과 오른쪽으로 지남	굴곡(굽힘), 신전(폄)
관상 (이마, 가쪽)	신체를 앞, 뒤 반으로 나눔	시상(앞, 뒤)	앞, 뒤로 지남	외전(벌림), 내전(모음)
수평(가로, 축)	신체를 위, 아래 반으로 나눔	수직(세로)	위, 아래로 지남	내회전(안쪽돌림), 외회전(바깥돌림)

운동 면을 알아야 하는 이유는 운동을 하거나 운동 프로그램을 짤 때, 어떠한 면에서 운동하고 있는지 확인해 볼 필요가 있기 때문이다. 운동이 하나의 면에 치우쳐져 있지는 않은 지, 3가지 면의 운동을 모두 포함하고 있는지, 더 나아가 한 면이 아닌 나선형, 원형, 대각선 등 다양한 방향의 움직임을 시도할 수 있는지 확인하는 것이 중요하다. 특히 바레 수업 시 각 면의 운동을 균형 있게 포함시키면 전신의 균형과 안정성을 유지하고, 특정 부위의 과사용과 부상을 예방할 수 있다. 따라서 운동 프로그램을 계획한다면

각 운동 면을 고려하여 가능한 신체 구석구석을 사용할 수 있도록 다양한 방향의 움직임을 제공하고, 이를 통해 전신의 균형과 기능을 최적화하는 방법을 모색한다.

해부학적 방향과 위치
Anatomical direction and position

*구용어(신용어)원어 순으로 표기함

신체 구조의 방향과 위치를 설명하는데 사용되는 특정 용어들이다. '여기' 또는 '저기'와 같은 막연한 용어를 대신해 정확한 명칭을 사용한다. 해부학적 방향과 위치는 해부학적 자세를 기준으로 한다.

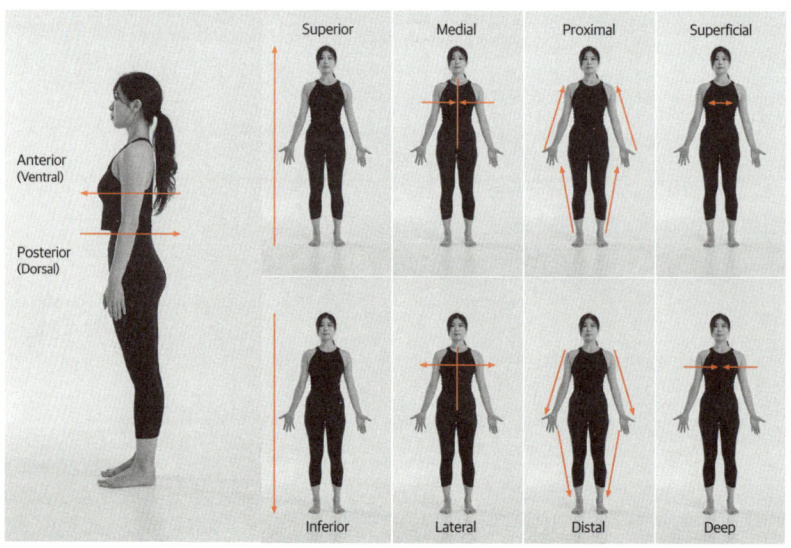

해부학적 방향과 위치(측면, 전면)

전방(앞쪽)Anterior / 후방(뒤쪽)Posterior

복측(배쪽)Ventral / 배측(등쪽)Dorsal

상방(위쪽)Superior / 하방(아래쪽)Inferior

내측(안쪽)Medial / 외측(가쪽)Lateral

근위(몸쪽)Proximal / 원위(먼쪽)Distal

천층(얕은층)Superficial / 심층(깊은층)Deep

신체의 움직임
Movements of the body

신체의 움직임은 뼈가 연결되는 관절에서 일어나기 때문에 항상 관절을 기준으로 이야기한다. 신체는 아래와 같은 다양한 움직임을 구사할 수 있다.

목과 척추의 움직임Neck and spine movements

굴곡(굽힘)Flexion / 신전(폄)Extension

외측굴곡(가쪽굽힘)Lateral flexion

회전(돌림)Rotation

늑골과 흉곽(갈비뼈와 가슴)의 움직임Rips and thorax movements

흡기(들숨)Inhalation 시 팽창Expansion

호기(날숨)Exhalation 시 수축Contraction

견관절(어깨관절)의 움직임Shoulder movements

굴곡(굽힘)Flexion / 신전(폄)Extension

외전(벌림)Abduction / 내전(모음)Adduction

외회전(가쪽돌림)External rotation / 내회전(안쪽돌림)Internal rotation

수평외전(수평벌림)Horizontal abduction / 수평내전(수평모음)Horizontal adduction

견갑골(어깨뼈)의 움직임Scapula movements

거상(올림)Elevation / 하강(내림)Depression

외전(벌림)Abduction / 내전(모음)Adduction

상방회전(위쪽돌림)Upward rotation / 하방회전(아래쪽돌림)Downward rotation

주관절과 전완(팔꿈치와 팔뚝)의 움직임Elbow and forearm movements

굴곡(굽힘)Flexion / 신전(폄)Extension

회내(엎침)Pronation / 회외(뒤침)Supination

수관절(손목)의 움직임Wrist movements

굴곡(굽힘)Flexion / 신전(폄)Extension

요측편위(노쪽치우침)Radial deviation / 척측편위(자쪽치우침)Ulnar deviation

손가락의 움직임Fingers movements

굴곡(굽힘)Flexion / 신전(폄)Extension

외전(벌림)Abduction / 내전(모음)Adduction

대립(맞섬)Opposition

골반의 움직임Pelvis movements

전방경사(앞기울임)Anterior tilt / 후방경사(뒤기울임)Posterior tilt

외측경사(가쪽기울임)Lateral tilt

회전(돌림)Rotation

천장관절(엉치엉덩관절)의 움직임 Sacroiliac joint movements

앞 끄덕임(장골에 대한 천골의 상대적인 앞기울임)Nutation

뒤 끄덕임(장골에 대한 천골의 상대적인 뒤기울임)Counter nutation

염전(비틀림)Torsion

고관절(엉덩관절)의 움직임 Hip joint movements

굴곡(굽힘)Flexion / 신전(폄)Extension

외전(벌림)Abduction / 내전(모음)Adduction

외회전(가쪽돌림)External rotation / 내회전(안쪽돌림)Internal rotation

슬관절(무릎)의 움직임 Knee joint movements

굴곡(굽힘)Flexion / 신전(폄)Extension

굴곡된 슬관절의 외회전(굽힘된 무릎의 가쪽돌림)External rotation / 굴곡된 슬관절의 내회전(굽힘된 무릎의 안쪽돌림)Internal rotation

발목, 발, 발가락의 움직임 Ankle, foot, toes movements

족관절의 배측굴곡(발목의 발등굽힘)Dorsi flexion / 족관절의 저측굴곡(발목의 발바닥굽힘)Plantar flexion

발의 외번(발의 가쪽번짐)Eversion / 발의 내번(발의 안쪽번짐)Inversion

발가락의 굴곡(발가락의 굽힘)Flexion / 발가락의 신전(발가락의 폄)Extension

근골격계
Musculoskeletal system

뼈대, 골격
Skeleton

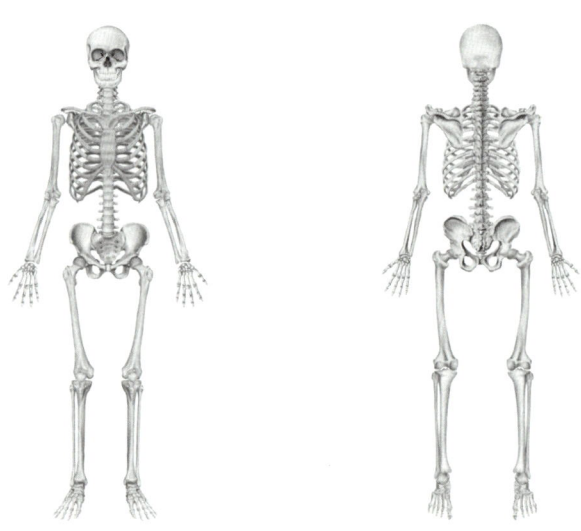

골격의 뼈(전면, 후면 모습)

뼈는 골세포로 구성된 석회화된 결합 조직이다. 뼈대는 골격을 이루며 두개골, 척추, 늑골, 흉골로 구성된 몸통골격Axial skeleton과 사지를 이루는 사지골격Appendicular skeleton으로 나뉜다. 이는 신체 지지, 장기 보호, 칼슘 대사, 조혈의 기능을 한다. 사람마다 다르지만 보통 성인에게는 약 200개의 뼈가 존재하며 체중의 15%를 차지한다. 뼈는 모양과 기능에 따라 장골, 단골, 편평골, 함기골, 복합골, 종자골 등으로 분류한다.

장골(긴 뼈)long bone

너비보다 길이가 더 길며 쇄골, 상완골, 요골, 척골, 대퇴골, 경골, 비골, 지골, 중족골, 중수골이 이에 속한다.

단골(짧은 뼈)Short bone

너비가 길이와 비슷하며, 정육면체 모양이다. 손목과 발목에 있는 뼈가 이에 속하고 충격을 흡수하는 기능을 한다.

편평골(납작 뼈)Flat bone

얇고 넓은 형태의 뼈로 늑골, 흉골, 견갑골처럼 대개 면이 곡선을 이루고 있다.

함기골(공기 뼈)Pneumatic bone

공기가 차 있는 빈 공간을 가지고 있는 뼈를 지칭하며 이마뼈, 관자뼈, 나비뼈, 벌집뼈, 위턱뼈가 있다.

복합골(불규칙 뼈)Irregular bone

이름처럼 불규칙한 모양을 가지고 있는 다양한 기능을 하는 뼈이다. 안면골, 척추, 골반과 같이 혼합된 모양의 뼈가 이에 속한다.

종자골(종자 뼈)Sesamoid bone

힘줄이나 근육 조직 내 포함되는 작고 둥근 뼈이다. 엄지발가락, 엄지손가락, 무릎 등에 위치하여 힘줄의 마찰이나 압력을 줄여 과도하게 마모되지 않도록 보호하는 역할을 한다.

관절
Joint

관절은 뼈와 뼈를 연결하여 뼈가 부드럽게 움직일 수 있도록 돕는다. 관절의 구조는 관절의 기능을 결정한다. 섬유관절이란 섬유조직으로 연결된 뼈와 뼈를 의미하는 말로, 두개골의 봉합은 대표적인 섬유관절이며 관절의 모양 덕분에 움직임이 없도록 만들어졌다. 연골관절은 뼈가 연골에 의해 연결되어 있으며 척추체의 추간판이 대표적인 예이다. 섬유관절, 연골관절과는 다르게 윤활관절은 뼈와 뼈 사이에 작은 공간인 관절강Joint cavity이 있고, 이곳에 계란 흰자 같은 윤활액이 들어있어 인대의 제한 안에서 관절을 부드럽게 움직이는 것이 가능하다. 윤활관절은 신체를 움직일 때 중요하게 작용하며 윤활관절의 6가지 종류에 따라 서로 다른 움직임을 만들어 낸다.

윤활관절의 유형 Types of synovial joint

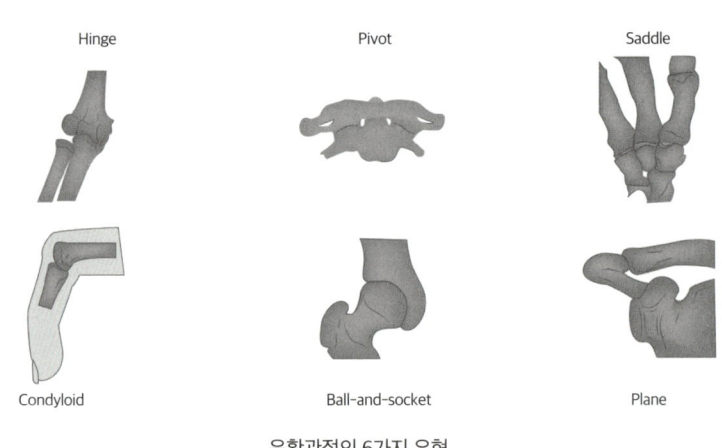

윤활관절의 6가지 유형

- **접번관절(경첩관절)** Hinge joint

경첩관절은 문의 경첩과 비슷한 모양과 기능을 가지고 있다. 한쪽 관절면은 볼록하고, 다른 관절면은 오목하여 굴곡과 신전의 움직임이 일어난다. 대표적으로 팔꿈치 관절이 이에 해당한다.

- **차축관절(중쇠관절)** Pivot joint

기준이 되는 관절에 뼈가 축을 따라 회전 운동하는 관절이다. 한쪽 관절면은 솟아있고, 다른 관절면은 부분적인 링모양으로 돌림만 가능하다. 대표적으로 경추1번과 2번 사이 관절 Atlantoaxial joint이 이에 해당한다.

- **안상관절(안장관절)** Saddle joint

오목한 곡선과 볼록한 곡선이 교차하며 양쪽 관절면이 말의 안장모양을 연상시키는 관절이다. 회전을 제외한 다양한 움직임이 가능하다. 대표적으로 흉쇄관절 Sternoclavicular joint이 이에 해당한다.

- **과상관절(타원관절)** Condyloid joint

타원형 모양의 볼록관절면과 오목관절면이 만나 형성된 관절. 두 관절면이 타원형으로 만나므로 축돌림은 제한되지만, 굴곡 신전 외전 등 다양한 방향의 움직임이 가능하다. 대표적으로 손목관절이 이에 해당한다.

- **구상관절(절구관절)** Ball and socket joint

한쪽 관절면은 공처럼, 다른 관절면은 컵모양으로 생긴 관절이다. 모든 면에서 가장 자유로운 움직임이 가능하다. 대표적으로 어깨관절과 고관절이 이에 해당하기 때문에 바레 운동을 할 때 팔과 다리의 움직임을 이해하는데 중요한 관절이다.

- **평면관절(활주관절)**Plane joint

관절두와 관절의 관절면이 편평하여 윤활관절들 중에서 가장 작은 움직임이 일어난다. 대표적으로 견봉쇄골 관절과 척추뼈 사이 추간관절이 이에 해당한다.

윤활관절의 구조 The structure of a synovial joint

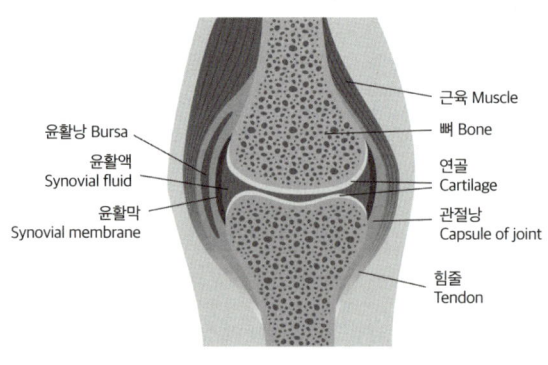

윤활관절의 해부도

- **연골** Cartilage

뼈에 덮여 뼈와 뼈를 미끄러지게 만드는 관절연골과, 뼈 사이에서 관절에 오는 스트레스를 완충하고 관절의 안정성을 높이는 역할을 하는 섬유연골이 있다.

- **관절낭** Capsule

관절을 감싸고 있는 주머니의 역할을 한다. 관절을 이루는 뼈 끝을 감싸주어, 윤활액이 새지 않도록 보호한다. 윤활낭 Bursa은 주로 관절 주변에 위치해 있는 얇고 부드러운 조직으로, 뼈와 뼈 사이의 마찰을 줄이고 충격을 흡수하는 데 도움을 준다. 또 관절의 움직임을 제한하여 안정성을 높인다.

– **인대**Ligament

관절의 뼈와 뼈 사이를 이어주는 역할을 한다. 인대는 능동적으로 수축할 수 없지만 자세에 따라 팽팽해지거나 느슨해지며 관절을 수동적으로 강화하거나 안정화시킨다.

– **힘줄**Tendon

근육을 뼈에 부착시키는 역할을 한다. 정확히는 뼈의 표면을 감싸는 뼈막Periosteum과 근육을 연결시킨다. 힘줄은 다양한 형태와 크기를 가지고 있으며, 매우 질기고 유연하다. 근육을 이용해 관절을 움직이게 하고 관절을 안정화시킨다.

근육
Muscles

근육은 뼈와 관절을 움직이게 만들고 큰 힘을 쓸 수 있게 돕는다. 근육은 수축력을 가진 유일한 세포로 신경계에서 수축을 명령하면 근육이 부착점을 당기게 된다. 수축 명령이 없으면 근육은 이완 상태가 되어 당겨지지 않는다. 근육조직의 유형은 자율신경계를 통해 제어되는 평활근Smooth muscle 및 심근Cardiac muscle과 본인의 의지로 제어가 가능한 골격근Skeletal muscle으로 나뉜다. 근육은 자체 섬유다발의 배열에 따라 여러 형태로 변형되는데, 이는 근육의 위치와 작용에 따라 최적의 운동역학적 효율성을 제공하기 위해서다. 또 근육은 다양한 움직임을 가능하게 하기 위해 서로 대립하며 조화를 이루어 작용한다. 즉, 특정 움직임을 만들어내는 근육뿐만 아니라, 그 움직임을 멈추거나 원래 상태로 되돌리는 역할을 하는 근육도 함께 작동하게 된다. 하나의 근육이 움직이려면 부가적으로 협동하거나 안정성을 제공하는 다른 근육이 함께 사용되기도 한다. 근육이 하나의 관절에 붙은 것을 단관절 근육이라고 하고 하나의 근육이 2개 이상의 관절에 영향에 미치면 다관절 근육이라고 한다.

전면 근육 Anterior muscles

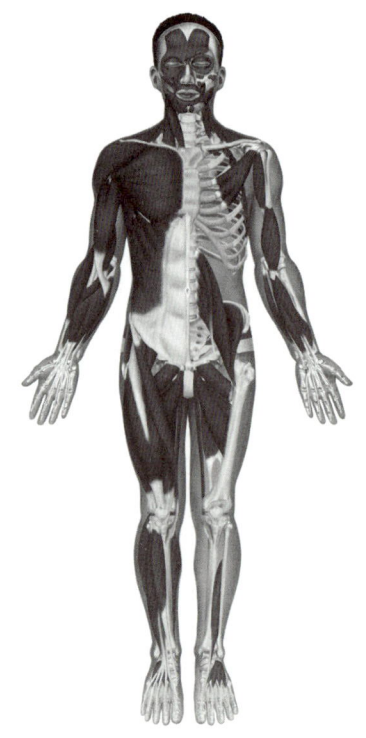

신체의 전면 근육

*표면 근육 (왼쪽)

흉쇄유돌근(목빗근)Sternocleidomastoid, SCM

전면삼각근(앞 어깨 세모근)Anterior deltoid

측면삼각근(중간 어깨 세모근)Middle deltoid

대흉근(큰가슴근)Pectoralis major

복직근(배곧은근)Rectus abdominis

외복사근(배바깥빗근)External abdominal oblique

상완이두근(위팔두갈래근)Biceps brachii

수근굴근(손목 굽힘근)Wrist flexor

상완요골근(위팔노근)Brachioradialis

봉공근(넙다리빗근)Sartorius

대퇴사두근(넙다리네갈래근)Qusdriceps femoris

- 대퇴직근(넙다리곧은근)Rectus femoris

- 외측광근(가쪽넓은근)Vastus lateralis

- 중간광근(중간넓은근)Vastus intermedius

- 내측광근(안쪽넓은근)Vastus medialis

전경골근(앞정강근)Tibialis anterior

비골근(종아리근)Peroneus

- 장비골근(긴종아리근)Peroneus longus

- 단비골근(짧은종아리근)Peroneus brevis

*속 근육 (오른쪽)

사각근(목갈비근)Scalene

- 전사각근(앞목갈비근)Scalenus anterior

- 중사각근(중간목갈비근)Scalenus medius

- 후사각근(뒤목갈비근)Scalenus posterior
- 소흉근(작은 가슴근)Pectoralis minor

상완근(위팔근)Brachialis

전거근(앞톱니근)Serratus anterior

장요근(엉덩허리근)Iliopsoas

내전근(모음근)Adductor group

후면 근육 Posterior muscles

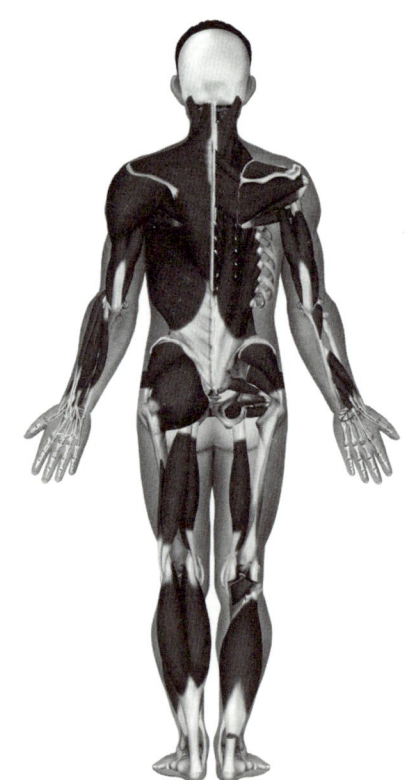

신체의 후면 근육

* **표면 근육 (왼쪽)**

승모근(등세모근)Trapezious

- 상부승모근(위 등세모근)Upper trapezius

- 중부승모근(중간 등세모근)Middle Trapezius

- 하부승모근(아래 등세모근)Lower trapezius

광배근(넓은등근)Latissimus dorsi

후면삼각근(뒤어깨 세모근)Posterior deltoid

상완삼두근(위팔세갈래근)Triceps brachii

수근신근(손목폄근)Wrist extensor

흉요근막(등허리근막)Thoracolumbar fascia, TLF

대둔근(큰볼기근)Gluteus maximus

중둔근(중간볼기근)Gluteus medius

슬괵근(뒤넙다리근)Hamstring

- 대퇴이두근(넙다리두갈래근)Biceps femoris

- 반건양근(반힘줄근)Semitendinosus

- 반막양근(반막근)Semimembranosus

비복근(장딴지근)Gastrocnemius

***속 근육 (오른쪽)**

후두근(뒤통수근)Occipitalis

두판상근(머리널판근)Splenius capitis

견갑거근(어깨올림근)Levator scapula

능형근(마름근)Rhomboids

회전근개Rotator cuff muscles

- 극상근(가시위근)Supraspinatus

- 극하근(가시아래근)Infraspinatus

- 소원근(작은원근)Teres minor

- 견갑하근(어깨밑근)Subscapularis

척추기립근(척추세움근)Erector spinae

- 장늑근(엉덩갈비근)iliocostalis

- 최장근(머리가장긴근)Longissimus

- 극근(머리가시근)Spinalis

요방형근(허리네모근)Quadratus lumborum

소둔근(작은볼기근)Gluteus minimus

심부 고관절 외회전근Deep six muscles

- 이상근(궁둥구멍근)Piriformis

- 상쌍자근(위쌍둥이근)Gemellus superior

- 하쌍자근(아래쌍둥이근)Gemellus inferior

- 외폐쇄근(바깥폐쇄근)Obturator externus

- 내폐쇄근(속폐쇄근)Obturator internus

- 대퇴방형근(넙다리네모근)Quadratus femoris

대퇴근막장근(넙다리근막긴장근)Tensor facia Latae, TFL

슬와근(오금근)Popliteus

비장근(가자미근)Soleus

종골건(아킬레스건)Achilles tendon

근수축의 종류
Type of muscle contraction

등척성 수축과 등장성 수축

등척성 수축 Isometric contraction

관절이 고정된 상태가 유지되며 근육의 수축이 일어난다. 관절의 움직임과 근길이에는 변화가 없기 때문에 부상에 대한 위험이 적다. 관절의 안정화에 집중해야 하는 초기 재활에 용이하다. 버티는 동작인 브릿지, 플랭크가 이에 해당한다. 일상생활에서 필요한 자세와 관절의 발달에 유리하고, 동적 저항운동에 비해 관절통증을 최소화하며 근력을 높일 수 있다. 주의사항으로는 개인에게 맞는 정확한 자세가 요구되어야 하고, 혈압이 높아지지 않도록 안정적인 호흡과 함께 난이도를 조절한다.

등속성 수축 Isokinetic contraction

관절의 움직임이 일정한 속도를 유지하며 에너지를 만들어 내는 수축이다. 등속성 수축을 이용한 근력 훈련을 할 땐 특수장비에 의해 미리 설정된 각속도가 일정하게 유지된다. 관절의 모든 운동범위에서 최대의 힘을 발휘한다는 점은 등척성과 등장성 수축의 특징을 결합한 것이라고 할 수 있다. 등속성 수축을 이용한 운동은 근 수행력(근력, 파워, 근지구력)을 향상시키며 부상이나 통증의 위험도가 적다. 하지만 단일관절을 주로 움직이며 기능적 활동으로 얻을 수 있는 다중수축 및 다중관절의 움직임에는 제한이 있다. 또 아직까지는 특수한 장비를 통해서만 가능하기 때문에 스포츠 선수와 같은 집단에서 훈련이나 재활목적으로 사용된다.

등장성 수축 Isotonic contraction

장력은 같으나 관절의 움직임과 함께 근길이가 변하면서 근육이 움직이는 운동으로 지속적인 힘을 발생시키는 수축이다. 근육의 길이가 짧아지면서 수축하는 구심성 수축(원위부를 몸통쪽으로 당기면서 힘을 쓸 때)과 장력은 같지만 근 길이가 늘어나며 수축하는 형태인 원심성(신장성) 수축으로 나뉜다. 웨이트 트레이닝이 대표적이며 운동의 안전과 효율을 위해 두 가지 수축이 모두 요구된다.

- 구심성(단축성)수축 Concentric contraction에서는 근육의 길이가 원래 길이보다 짧아지면서 근육의 기시 방향으로 당기는 힘이 작용한다. 예를 들어 손에 아령을 들고 팔꿈치를 구부리며 상완이두근 운동 Biceps curl을 할 때 구심성 수축이 일어난다. 구심성 수축은 초기 재활 후 근력을 강화할 때나 신경계, 근 비대 발달에 효과적이며 에너지 소비량이 높은 것이 특징이다. 관절의 가동범위가 좋고 근

력이 좋다면 더 높은 수준의 구심성 수축을 유도할 수 있다. 하지만 근수행 능력에 의한 수축이 아닌 가속도에 의해 움직임을 한다면 힘이 제대로 전달되지 않을 수 있고, 개인의 근력에 맞지 않는 과도한 수축으로 인해 부상의 위험성이 높아질 수 있다.

- 원심성(신장성)수축Eccentric contraction은 근육의 길이가 늘어나면서 발생하는 수축이다. 장력은 같지만 근 길이가 늘어나면서 수축하는 형태로, 원심성 수축은 스트레칭과 다르게 능동적으로 길어지는 근육을 조절하며 힘이 발휘된다. 팔씨름을 할 때 상대의 팔을 넘기거나 또는 내 팔이 꺾이지 않게 버티지만 버티지 못하고 팔이 늘어나는 상황을 상상해 보자. 특히 바레 트레이닝을 할 땐 원심성 수축을 강조해야 하는 동작들이 포함되어 근길이가 단축되거나 신장되어 기능을 못하는 근육을 회복시킬 때 적용할 수 있다. 또한 상대적으로 큰 근육의 힘을 만들어 냄과 동시에 대사비용이 적기 때문에 근골격계, 심혈관계 환자의 재활운동으로도 효과적이다.

근육의 길항작용
Muscle antagonism

주동근 Primary muscle

움직임을 수행할 때 주도적으로 사용하는 근육이다. 가장 크고 많은 힘Main force을 발휘하며 주작용근, 또는 작용근이라고 한다. 관절 각도의 변화를 불러일으키며 가장 직접적으로 작용하는 근육으로 운동시 목표Target가 되는 근육이다.

협동근 Synergist muscle

움직임을 할 때 주동근 가까이에서 부가적으로 협력하여 당겨주거나 관절을 안정시켜주는 역할을 하는 근육들을 말한다. 주동근이 기능을 상실했을 경우 협동근이 더 많이 사용되는 현상이 일어날 수 있다.

길항근 Antagonist muscles

움직임을 만들어 내는 데에 있어서 주동근과 협력근이 움직이는 방향과 반대 방향에서 작용하는 근육이다. 등장성 수축 시 주동근과 협력근은 단축성 수축을 하고, 길항근은 신장성 수축을 하게 된다. 따라서 길항근은 관절의 브레이크 역할을 하며 주동근의 과활성화를 막아 힘의 균형을 맞춘다.

고정근 Fixator muscles

주동근이 움직일 때 관절의 안정성을 위해 기시부를 잡아주고 자세나 균형을 유지하는 역할을 한다. 이는 안정근 Stabilizer이라는 용어로 사용되기도 한다.

참고

협응력 Coordination

근육 협응은 중추신경계와 관련되어 움직일 때 다양한 신체 부분들이 함께 작용한다. 주동근, 협동근, 길항근 간의 조화로운 협력을 통해 근육들이 동시에 움직이게 하고 움직임을 조절하는 것을 의미한다. 이는 운동의 효율성을 향상시키고, 부상의 위험을 감소시킨다. 만성통증이 있는 경우 근육의 협응이 떨어지기 때문에 순간적으로 힘을 분산시키거나 힘을 흡수할 수 있는 능력이 떨어지게 된다. 협응력이 떨어지면 부드러운 분절이 나오지 않게 되며, 또 큰 근육이 관절의 안정화 역할까지 하기 때문에 경직되어 통증이 생길 수 있다. 물 흐르듯 부드럽게 연결되어야 하는 바레 동작에는 특히 중요한 요소이다.

메디컬 바레 기본 움직임 원리
Medical barre basic movement principle

　발레 무용수의 자세가 일반인의 자세와 눈에 띄게 다른 부분은 신체가 꼿꼿하게 펴져 있고 관절이 열려 있다는 점이다. 이는 발레의 탄생 배경에서 비롯된 테크닉의 원리 중 외향성 및 전면 의식과 관련이 있다. 외향성은 관절과 근육을 몸의 외적 방향으로 전환시키는 턴 아웃Turn out을 의미하는데, 모든 발레의 자세와 동작은 항상 외향성을 지향한다. 또 전면을 의식하는 자세는 척추를 정렬하기 시작하는 초기 단계이며, 모든 동작의 질Quality을 결정한다. 이런 특성은 구부러지고 관절이 말려 있는 자세가 많은 현대인에게 발레가 최고의 솔루션이 될 수 있음을 시사한다. 그러나 부상, 접근성, 기술적 한계, 과도한 관절가동범위 요구, 팔 근력 강화의 어려움, 여성스러운 표현과 이미지, 심리적 부담감, 남성들의 기피 등 대중이 쉽게 접근하기 어려운 부분이 있다. 메디컬 바레 트레이닝은 이러한 단점을 보완함과 동시에 발레의 과학적인 이론을 기본 원리로 접목하여 재활과 밀접한 관련이 있는 부분을 강조한다. 따라서 바레 트레이닝을 통해 현대인들의 문제점에 적합하고 즉각적인 수업 피드백을 원할 경우, 발레의 스탠스부터 기본 자세 및 방향에 대한 이해가 있어야 한다.

발레 스탠스의 기본 원리
Basic principle of ballet stance

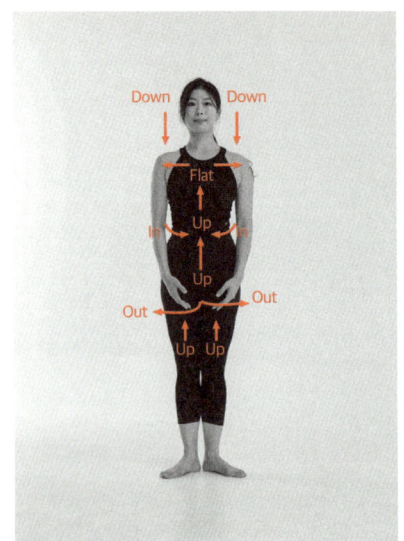 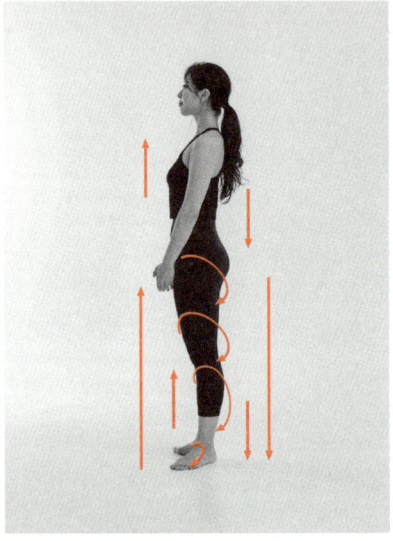

올바른 스탠스를 위한 근육 감각 (전면, 측면)

발레 스탠스의 목적은 '가장 작은 면적 위에서 몸무게를 이겨내고 전신을 바르게 정렬하는 방법'으로 움직임을 준비하는 자세를 만드는 것이다. 신체를 위로 끌어 올리는 풀업을 통해 바른 정렬을 만드는 것은 고관절 외회전(턴아웃)Turn out을 구사할 수 있는 조건을 만든다. 올바른 턴아웃은 둔근의 기능을 활성화시키고 고관절의 가동범위를 더욱 유연하게 하며 무게를 빠르게 이동할 수 있게 한다. 발레 스탠스가 올바르게 수행되었다면 하중이 한쪽으로 과하게 쏠리지 않도록 무게를 분산하여 부상이나 통증을 방지하게 될 것이다.

좁은 면적에서 수직으로 균형을 잡기 위해서는 어깨의 수평과 골반의 수평을 잇는 몸통의 네모박스가 유지되어야 하고, 어느 한쪽으로 치우치지 않도록 양쪽이 함께 저항하는 힘을 가지고 있어야 한다. 균형과 안정성을 위해 전신의 근육이 협응하기 때문에 발레는 가동성과 근력을 기르는 데 효과적이며 신체의 효율성을 높일 수 있다. 이러한 이유로 메디컬 바레 스탠스는 발레의 핵심원리를 기본으로 한다. 옆의 이미지와 같이 전신의 근육 감각을 익히며 아래의 원리와 함께 발레의 기본 자세를 만들어 보자. 서 있기만 해도 땀이 날 것이다.

- 발레의 1번 포지션에서 준비한다. 둔근의 힘으로 할 수 있는 만큼만 고관절을 턴아웃(외회전) 한다. 발바닥 아치를 세워 허벅지 안쪽에 위치한 내전근을 모으고 하복부를 끌어올린다. 천골은 아래로 내려 골반이 전방경사 되지 않도록 한다.
- 어깨를 열어 뒤로 내린다. 이때 등이 과도하게 편평해지거나 갈비뼈가 앞으로 튀어나오지 않도록 흉곽을 안으로 가볍게 모아 가슴이 앞을 바라보게 세운다.
- 골반대 위에 견갑대가 나란히 위치하게 하여 골반뼈와 어깨뼈를 잇는 몸통의 사각이 나란하도록 한다. 양쪽의 골반뼈와 어깨뼈의 끝이 서로 멀어지도록 하여 양쪽이 반대로 당겨지도록 한다.
- 시선은 정면을 바라보고 발바닥 전체로 바닥을 고르게 누르며 전신이 위로 길어지도록 풀업한다.

<발레의 기본 원리>

턴아웃 Turn-out

정렬 Alignment

스탠스 Stance

무게분산 Distribution of weight

무게이동 Transfer of weight

풀업 Pull-up

반대 당기기 Counter pull

몸통의 사각 Squareness

대응균형 Counter balance

안정성 Aplomb

균형 Balance

발의 자세
Foot position

팔의 기본자세와 함께 코디네이션 Coordination 되며 통일성과 조화를 이루는 1번부터 6번까지의 기본자세이다. 바레 동작은 발레의 기본 발 자세를 응용하여, 동일한 동작을 다양한 발의 자세에서 수행할 수 있다. 턴아웃 된 자세들은 개인의 고관절 가동범위 안에서 가능한 만큼의 턴아웃만 허용한다. 발바닥 아치가 무너지지 않았는지 확인하고 발목과 무릎, 고관절의 정렬을 바르게 해야 최소의 노력으로 최대의 효과를 얻을 수 있으며 통증이나 부상을 예방할 수 있다.

1번 발 포지션

- 양 뒤꿈치를 붙이고 고관절은 턴아웃하여 두 발과 무릎이 밖을 향하도록 벌린다.

2번 발 포지션

- 1번 포지션에서 한 발 옆으로 이동시켜 발 하나가 들어갈 정도의 간격을 만든다.

3번 발 포지션

- 발을 반만 교차시켜 서로 닿게 한다.

4번 발 포지션

- 3번 자세와 매우 유사한 포지션으로 두 발이 서로 닿지 않게 앞으로 한 발 벌린다.

5번 발 포지션

- 두 발 전체를 교차시킨다.

*완벽한 턴아웃이 구사되어야 하기 때문에 바레 트레이닝시에는 잘 사용되지 않는다.

6번 발 포지션

- 다리가 벌어지지 않도록 하여 두 발을 평행하게 모은다.

팔의 자세
Arm position

카를로 블라시스Carlo Blasis는 "무용을 하면서 몸과 함께 우아하게 움직이는 팔은 마치 그림의 액자와 같다. 만약 액자가 그림에 어울리지 않는다면 그림이 아무리 아름답다고 하더라도 결과적으로는 아름다움이 사라지게 될 것"이라고 말했다. 이처럼 팔의 자세는 연속적인 움직임을 통해 전체적인 운동에 조화롭게 적용된다. 팔의 낮은 자세를 뜻하는 앙바En Bas, 앙바 상태에서 팔이 명치 앞으로 이동하는 앙아방En Avant, 양쪽으로 팔을 길게 편 자세인 알라 스꽁드A la Second, 팔의 높은 위치를 뜻하는 앙오En Haut가 있다. 바레 동작 시 이러한 팔 동작을 다양하게 응용할 수 있으며, 필요에 따라 토닝볼, 아령, 밴드 등을 사용해 어깨와 팔의 근력을 향상시킬 수 있다.

앙바

- 어깨를 열고 팔을 아래로 떨어뜨려 허벅지 앞에 위치하게 한다. 팔꿈치와 손목을 살짝 굽혀 선을 연결한다.

앙아방

- 앙바를 그대로 올려 명치 앞으로 가져온다. 손바닥은 몸을 향하게 한다.

알라스꽁드

- 앙아방에서 팔을 그대로 옆으로 길게 열어 큰 오목 나무를 안은 것처럼 귀 앞에서 팔을 들고 팔꿈치를 살짝 굽혀 선을 연결한다.

앙오

- 알라스꽁드에서 어깨를 내린 상태를 유지하면서 양팔을 위로 올린다. 팔꿈치는 바깥쪽, 손바닥은 몸 쪽을 향한다.

신체의 위치 및 방향
Body position and direction

여덟 가지의 기본 방향은 무용수가 동작을 할 때 객석을 기준으로 방향을 나눈 것이다. 매 동작마다 다리와 몸통, 팔과 시선의 방향을 지정할 수 있기 때문에 발레 무용수들은 방향의 사용과 전환에 능하다. 바레 트레이닝을 할 때도 마찬가지로 앞, 옆, 뒤 이외의 다양한 방향으로 전환하며 사용할 수 있다. 이는 다른 운동법과 대조되는 특징으로 다양한 방향의 사용을 통해 내 몸이 어디에 위치하는지 정확하게 인지하며 뇌를 자극할 수 있다. 또 관절의 유연한 움직임을 일으켜 평소 사용하지 않는 근육들을 자극한다.

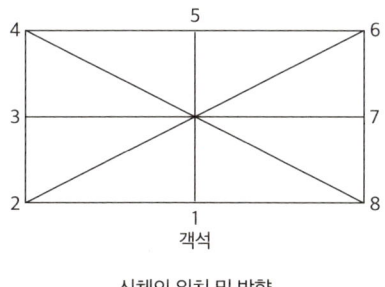

신체의 위치 및 방향

신체의 방향

앙파세En face: '정면으로' 앞면

크로와제Croise: '교차하다' 사선에서 닫힌 방향

에파세Efface: '비켜서다' 사선에서 열린 방향

에카르데Ecarte: '멀리하다' 사선으로 열린 방향

다리의 방향

드방Devant: '앞으로'

데리에Derriere: '뒤로'

알라 스꽁드A la seconde: '정면' '옆으로'

응용 기술
Applied technology

다음은 바레 동작을 변형할 수 있는 기술이다. 각 상황과 개인의 특성을 고려하여 같은 동작이지만 다양한 템포와 함께 리드미컬한 시퀀스를 구성하여 편안하고 익숙한 동작 안에서 새로운 즐거움을 만들어 낼 수 있게 한다.

- 힐 업 Heel up
- 누르기 Push
- 들어올리기 Lift up
- 접어서 들어올리기 Developpe
- 킥 Kick
- 스윙 Swing
- 바운스 Bounce
- 밸런스 Balance
- 무게중심 이동 Transfer of weight
- 미끄러지는 Glissade
- 점프(외발, 두 발) Jump(Single, Double leg)
- 회전 Turn

바레 트레이닝 시 시작 자세 및 주의사항
Starting position and precautions for barre training

바레 트레이닝을 시작하기 전에 바(의자, 테이블 등 안전하게 잡을 수 있는 것), 미끄러지지 않는 안전한 매트, 그리고 음악을 준비한다. 수업을 시작하기 전에는 신체적으로나 정신적으로 충분히 준비할 수 있는 시간을 가지는 것이 중요하며, 연습 전에 발레 테크닉의 기본 자세와 바레 트레이닝의 원리를 숙지해야 한다. 각 동작의 모든 자세와 움직임은 퍼포먼스보다 편안한 정렬 안에서 이루어져야 하며 즐거움을 우선으로 생각해야 한다. 체중은 항상 서 있는 다리 위에 있어야 하고, 서 있는 다리와 움직이는 다리는 무릎, 발목, 그리고 발가락으로 연결되어 힘이 다리뼈를 통해 전달되어야 한다. 골반과 어깨는 항상 같은 평면을 이루어야 하고, 가슴, 어깨, 팔은 자유롭게 열려 있어야 한다. 바를 잡고 있는 손이 너무 긴장되지 않는지 주의하며, 급성기 질환이나 통증이 있는 경우라면 반드시 의사와 상의한 후에 실시한다.

바레 트레이닝은 바를 기준으로 다양한 위치에서 동작을 시작할 수 있다. 바를 두 손 대신 한 손으로 잡을 경우, 동작의 난이도가 올라가며 동작의 특성이나 강조하고자 하는 효과에 따라 위치를 다르게 설정할 수 있다. 몸을 세우고 바를 잡을 때는 몸과 바 사이의 거리를 약 45cm(18인치) 정도 유지한다. 팔꿈치의 각도가 어깨와 척추에 부담을 주지 않도록 주의해야 한다. 무엇보다 바에 완전히 매달리거나 의지하지 않도록 해야 하며, 바에 기대는 동작을 할 때는 코어근육을 활성화시켜 바에 가볍게 기댈 수 있도록 한다. 가장 중요한 것은 심리적인 안정감으로 안정된 자세를 유지하며 편안한 범위 안에서 동작을 수행하는 것으로 이것은 부상의 위험을 줄일 뿐 아니라, 통증에 대한 효과적인 트레이닝이 될 수 있게 한다.

페이싱 바Facing bar

- 가장 기본적인 자세로 바를 마주 보고 선 자세이다.

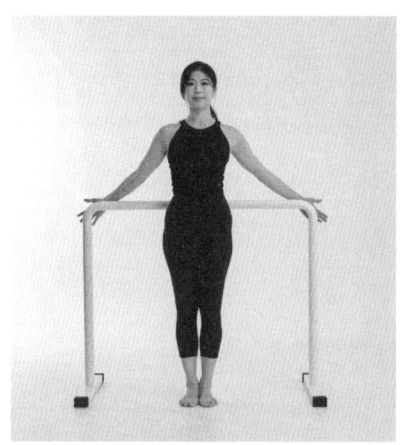

어웨이 바Away bar

- 바를 등지고 선 자세이다. 등과 어깨가 열린 상태에서 동작을 시작할 수 있다.

리닝 바 Leaning bar

- 바에 기대어 고관절을 굴곡하고 목과 허리의 긴장을 완화시킨 자세이다.

플랫 백 바 Flat back bar

- 척추를 길게 늘려 편평하게 만든 자세이다. 척추나 어깨에 불편감이 있다면 척추의 과신전에 주의하고, 무릎의 과신전을 주의하며 고관절 아래에 발목이 있을 수 있도록 한다.

사이드 바^{Side bar}

- 바를 옆에 두고 한 손으로 바를 잡은 자세이다. 두 손으로 잡았을 때 보다 더 큰 균형감각이 요구된다.

레그 온 바 Leg on bar

- 바 위에 다리를 올린 자세이다. 대부분의 사람은 바 위에 다리를 올리는 것이 힘들게 느껴질 수 있다. 다리를 올리기 어려운 경우 좀 더 높이가 낮은 곳에 다리를 올리도록 한다.

4장

부위별 통증과 메디컬 바레
Localized pain and medical barre

발과 발목
무릎
고관절
골반
허리
등
어깨
머리와 목

발과 발목
Foot and ankle

발과 발목의 구조
Structure of the foot and ankle

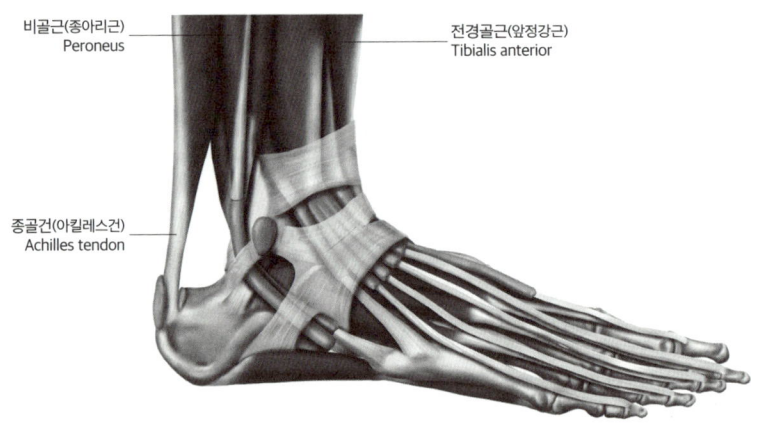

발과 발목 주변 근육

발과 발목의 미세한 움직임은 중요한 역할을 한다. 발은 지면과 직접 맞닿아 있어 우리의 체중을 이겨내고 이동할 때 신체를 앞으로 전진시키는 역할을 한다. 발에는 33개의 관절이 존재하는데 이 많은 관절을 모두 움직이려면 관절과 인대, 근육, 신경이 원활하게 작동해야 한다. 발은 그 모양과 균형이 바르게 유지될 때 최적화된 기능으로 충격을 흡수할 수 있다. 발바닥 내부에는 근육과 힘줄로 이루어진 내재근이 존재한다. 발바닥 내의 안정성을 담당하기 때문에 '발바닥 코어'라고 불린다. 이 근육들이 발가락을 움직이며 고유 수용성 감각기가 분포 되어 있어 움직임 정보를 즉각적으로 뇌에 전달하여 자세를 유지한다.

또 발바닥 아래에 동그랗게 올라간 족궁, 즉 아치를 유지하여 인체에 가해지는 충격을 흡수하고 분산시키는 완충 역할을 한다. 이때 내재근과 근막의 탄성이 부족하거나 약해지면 족저근막염, 아킬레스건염 등 다양한 문제가 발생할 수 있고 이로 인해 아치가 무너질 수 있다. 아치가 붕괴되면 하중이 불균형하게 실려 충격이 전신으로 전달될 수 있다. 이로 인해 발과 근접한 종아리 근육이 과도하게 사용되면서 다리가 붓거나 단단해지기도 한다. 따라서 종아리에 통증이 있는 경우, 종아리뿐 아니라 발목과 발바닥까지 함께 접근하는 것이 중요하다.

발목관절은 비골Fibular, 경골Tibia, 거골Talus이 격자 모양으로 맞물려 있고 종골Calcaneus이 거골을 받치는 형태로 이루어져 있다. 뼈와 뼈 사이는 인대로 강하게 연결되며 안정적인 구조를 위해 유연해야 하고, 위치나 움직임의 변화 속에서 몸의 균형을 유지하는 감각을 민감히 가지고 있어야 한다. 발목이 불안정한 사람들은 접질리거나 통증을 자주 경험하게 된다. 발목을 삐었을 때는 발목의 구조상 빈번히 바깥쪽 인대가 손상되어 늘어나거나 부분 파열된다. 이는 발목을 더욱 불안정하게 만들어 보행이나 운동을 할 때 발목을 유연하게 사용하지 못하고 오히려 힘이 많이 들어가 뻣뻣해지거나 반복적인 손상을 일으킬 수 있고, 무릎 및 고관절 등 전신에 악영향을 줄 수 있다.

바레 트레이닝은 발가락과 발목의 움직임에 집중하여 발의 사용을 강조하고, 발바닥의 탄성을 회복하며 발목의 가동범위를 확보하는 데 도움이 된다. 외발로 균형을 잡는 동작은 운동신경의 민감도를 높여 발목관절의 안정성을 강화한다. 발바닥의 정밀한 힘 조절과 균형을 요구함으로써 지면 반발력(지면이 물체나 사람의 몸에 반발하여 작용하는 힘, GRF)에 대한 인지와 활용 능력을 높일 수 있다. 이는 동작의 높이와 안정성을 향상시키고 정확성을 개선하여 움직임의 우아함을 더한다.

발과 발목의 정렬
Alignment of the foot and ankle

사람은 중력을 받으며 직립보행을 하기 때문에 척추를 바르게 세우려고 해도 기둥인 다리의 정렬이 좋지 않으면 이상적인 자세를 만들 수 없다. 발바닥에 체중을 싣는 것부터 시작하여 다리를 바로 세우는 작업은 마치 건물을 지을 때 지면을 다지는 일처럼 중요하다. 발이 지면에 닿아 있을 때 엄지발가락 아래의 발볼, 새끼발가락 아래의 발볼, 뒤꿈치 가운데를 연결하는 삼각형은 지면을 고르게 눌러 체중을 분산하여 몸이 어느 한쪽으로 치우치지 않게 한다. 어느 한 지점으로 체중이 과도하게 실리게 되면 발목에 무리를 주어 통증을 유발할 수 있다. 이 원리는 다리를 한데 모으거나 평행하게 벌리거나 외회전하는 자세에서도 동일하게 적용된다.

유연한 발과 안정된 발목을 위한 움직임
Movements for flexible feet and stable ankles

족저근막과 종아리 바 마사지 Plantar fascia & Calf bar massage

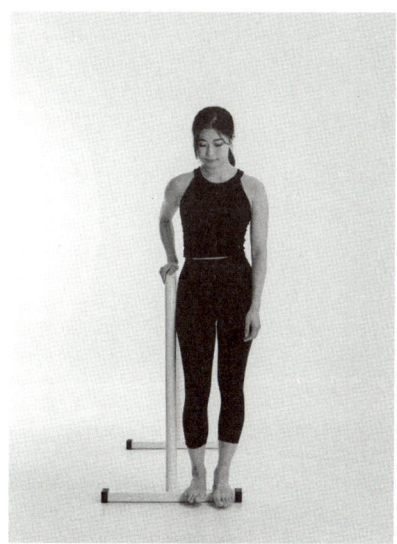

족저근막 바 마사지

- 바 아랫부분에 발바닥을 대고 앞과 뒤로 걸으며 족저근막을 자극해 준다.

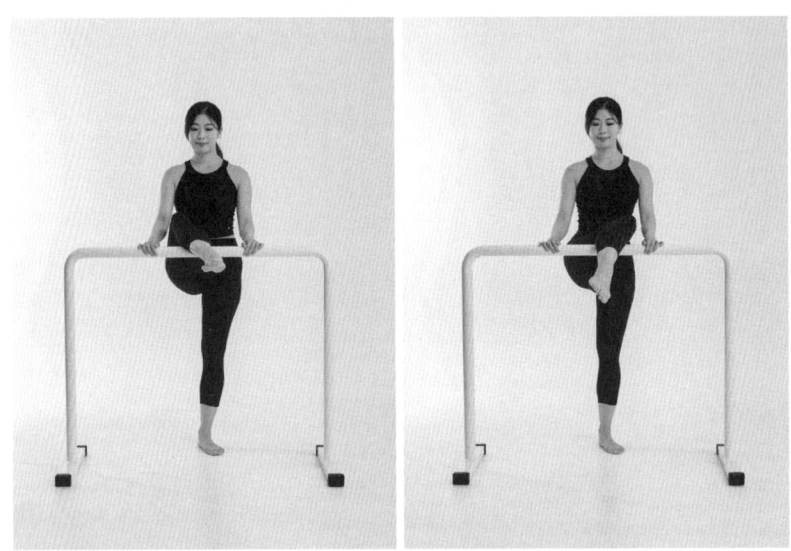

종아리 바 마사지

- 바 위로 종아리를 올려 안쪽, 중간, 바깥쪽을 골고루 상, 하, 좌, 우로 움직여 롤링한다.

발가락 웜업 Toe warm up

발가락 및 발등 스트레칭

- 6번 발 포지션에서 준비한다. 발가락을 부채처럼 활짝 펼쳐 선다.
- 발목을 앞으로 내밀어 드미 포인 Demi point 한다.
- 발가락을 구부려 포인한다. 발등을 앞으로 가볍게 늘린다.
- 드미 포인으로 돌아와 동작을 반복한다.

*세게 누르지 않는다.

발가락 가동화 및 강화를 위한 드미 포인

- 발등을 앞으로 내밀어 드미 포인한다.
- 발가락으로 주먹을 쥐듯 발끝을 포인하며 발가락 힘으로 발끝을 공중으로 살짝 들어 올린다.
- 드미 포인으로 돌아와 동작을 반복한다.

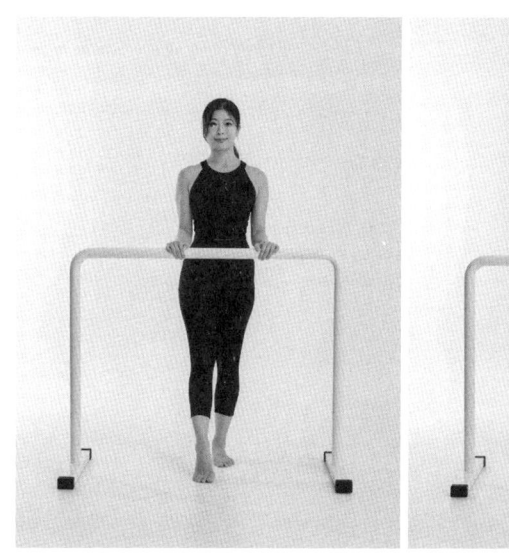
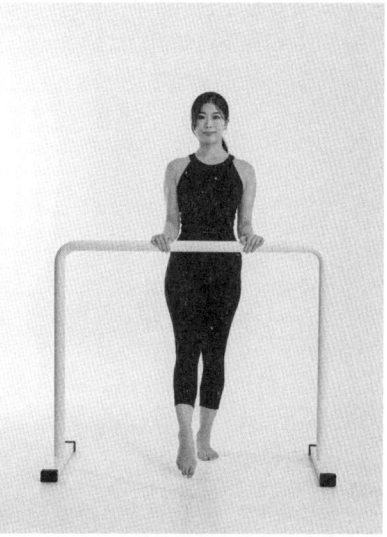

발목 가동화를 위한 바뜨망 땅뒤

- 6번 발 포지션에서 준비한다. 바닥을 쓸면서 앞으로 내민다. 발목만 내미는 드미 포인을 거쳐 발가락으로 주먹을 쥐듯 구부리며 포인한다.
- 발목을 플랙스^{Flex}한다. 포인과 플랙스를 반복하며 발목을 움직인다.
- 다시 포인을 거쳐 발바닥으로 바닥을 누르며 시작 자세로 돌아온다.

발목 운동 Ankle exercise

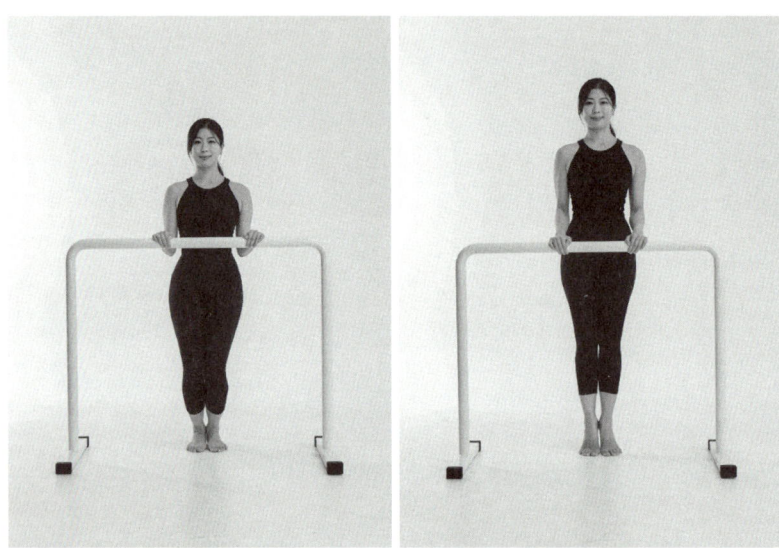

발목 안정화를 위한 를르베 업

- 6번 발 포지션에서 준비한다. 발바닥 전체로 바닥을 누르며 무릎을 구부려 쁠리에한다.
- 바닥을 누르는 힘을 사용하여 까치발한다. 체중은 첫 번째에서 세 번째 발가락까지 실어 새끼발가락 쪽으로 실리지 않게 한다.
- 다리가 벌어지지 않도록 주의하며 쁠리에 자세로 돌아와 동작을 반복한다.

*발목 내측 복숭아뼈가 벌어지지 않게 주의한다.

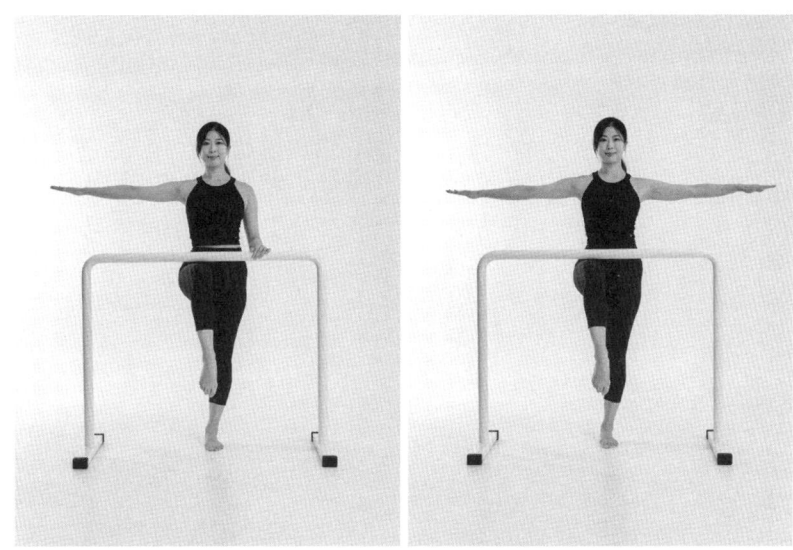

오프닝

- 6번 발 포지션에서 준비한다. 시선은 정면을 바라본다.
- 한 다리를 들어 올린 후 한 손씩 바를 놓고 중심을 잡는다.
- 발목의 운동신경을 깨움과 동시에 운동 전 균형감각을 확인해 볼 수 있다.

무릎
Knee

무릎의 구조
Structure of the knee

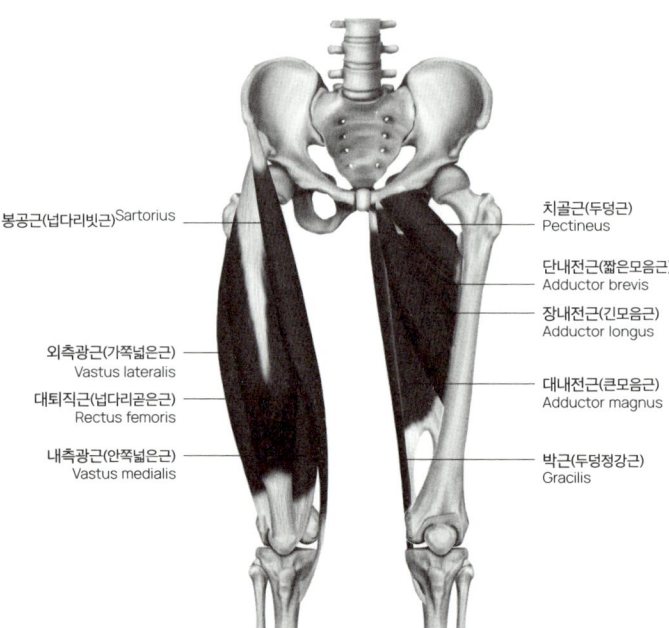

무릎 주변 근육

무릎은 대퇴골, 경골, 비골, 슬개골로 구성된 복합적인 구조를 가지며, 연골, 인대, 관절낭, 힘줄, 근육들이 조화롭게 작용하여 각각의 기능을 수행한다. 무릎 관절은 구조적으로 다른 관절에 비해 안정성이 낮고 움직임이 많아 인대의 의존도가 높다. 주요 인대인 내측측부인대^{MCL}와 외측측부인대^{LCL}는 무릎의 측면을 지지하고, 전방십자인대^{ACL}와 후방십자인대^{PCL}는 무릎의 회전과 전후 이동을 안정화한다. 무릎은 사용량에 따른 인대 손상의 위험이 있으며, 손상된 인대는 복구가 어려워 무릎의 불안정성을 초래한다.

반월상 연골은 대퇴골과 경골 사이에서 충격을 흡수하고 무릎이 원활하게 움직일 수 있도록 하며, 슬개골은 대퇴사두근의 힘을 증가시키고 무릎 관절을 보호하는 방패의 역할을 한다. 주요 근육으로는 대퇴사두근이 무릎을 신전하고, 햄스트링이 무릎을 굴곡시키며, 비복근이 무릎의 굴곡과 발목의 움직임을 돕는다. 이렇게 여러 근육을 비롯한 구조물들은 함께 협력하여 무릎의 안정성, 운동성, 충격 흡수 기능을 유지한다.

노화에 따라 무릎 연골과 주변 근육의 강도가 감소하고, 이로 인해 관절이 손상되거나 다리가 O자형으로 변형될 수 있다. 이는 관절염과 같은 퇴행성 질환의 위험을 증가시키는 원인이 되기도 한다. 연골의 약화는 관절의 지지력을 감소시키고 인대로 가해지는 부하를 증가시켜 통증을 유발할 수 있다. 따라서 무릎 주변 근육 중 경직된 곳을 이완하고 약해져 있는 부위의 활성화를 통해 힘을 균형있게 하는 것은 무릎의 기능을 유지하고 퇴행성 질환의 진행을 지연시키는 데 중요한 역할을 한다.

무릎의 정렬
Alignment of the knee

내반슬(O다리)이나 외반슬(X다리)이 있는 경우 운동을 할 때 무릎이 서로 벌어지거나 모이지 않도록 정렬에 주의해야 하며, 과신전 된 무릎$^{Back\ knee}$은 과도한 펴짐을 주의한다. 이러한 정렬을 가진 사람들은 발의 내재근과 발목 주변 근육의 기능 회복뿐 아니라, 무릎 주변에 위치한 대퇴사두근과 내전근, 햄스트링, 둔근, 종아리 근육의 기능을 강화하여 무릎 사용시 함께 동원될 수 있게 한다. 무릎이 약하거나 통증이 있는 상태라면 바레 동작 중 무릎을 구부리고 펴는 쁠리에 동작에 주의해야 하며, 동작을 수행할 땐 반드시 무릎과 더불어 발과 발목, 고관절의 올바른 정렬과 함께 통증이 없는 가동범위 안에서 편안하게 움직일 수 있게 노력한다.

무릎 안정성을 위한 주변 근육 강화 움직임
Strengthening exercises for knee stability

무릎 스트레칭 Stretches for around the knee

종아리 스트레칭

- 6번 발 포지션에서 한쪽 다리를 뒤로 드미 포인하고 준비한다.
- 체중을 앞쪽 다리에 실어 무릎을 구부린다. 뒤쪽 다리는 무릎을 펴 뒤꿈치로 바닥을 눌러 비복근을 늘린다.
- 뒤쪽 다리의 무릎을 구부려 비장근이 늘어나게 한다.

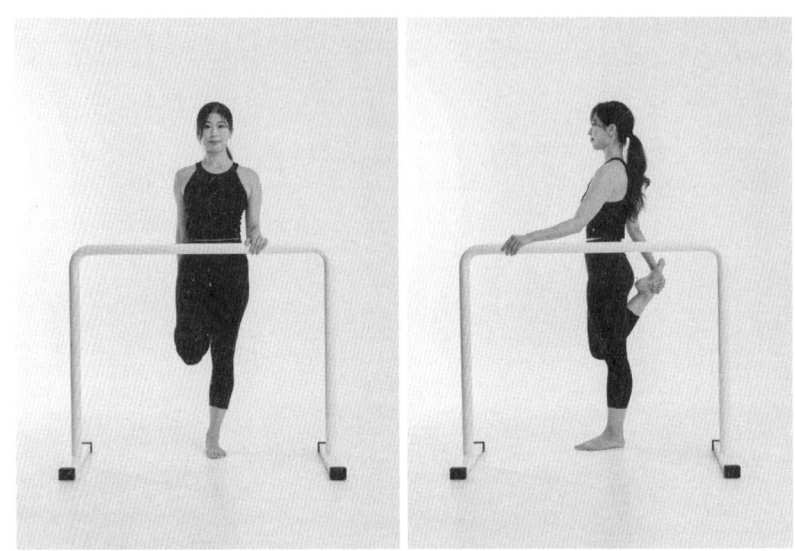

대퇴사두근 스트레칭(전면, 측면)

- 무릎을 접어 뒤꿈치가 엉덩이에 닿을 수 있도록 하여 허벅지 앞쪽 근육을 스트레칭한다.
- 골반을 살짝 후방경사 시키듯 하복부를 아래에서 위로 끌어올리고 꼬리뼈를 안으로 말아 대퇴사두근을 더욱 늘린다.

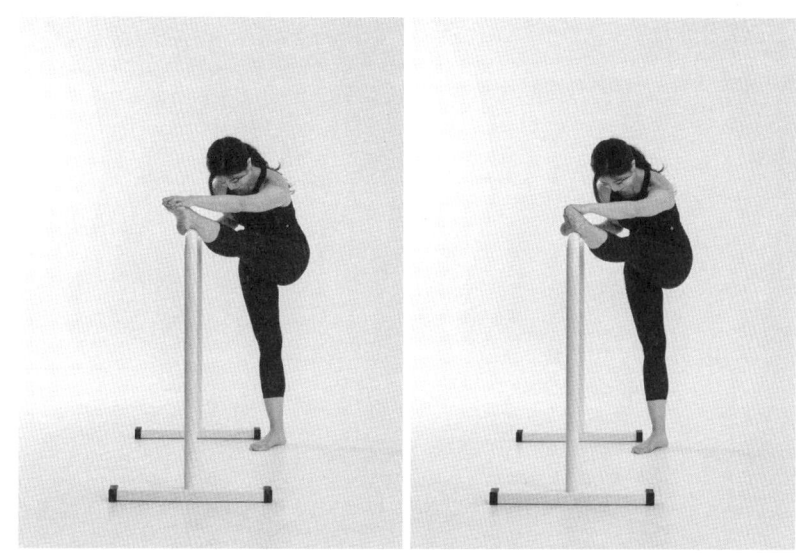

햄스트링 스트레칭(평행, 외회전)

- 다리를 평행하게 하여 바 위에 올린다.
- 상체를 다리 쪽으로 숙여 가능한 범위 내에서 호흡과 함께 스트레칭한다.
- 다리를 외회전으로 바꾸면 햄스트링의 다른 위치가 늘어난다. 같은 방법으로 이어서 스트레칭한다.

  *정확한 근육의 타겟을 위해 골반을 최대한 나란히 한다.

무릎 강화 운동 Knee strengthening exercises

무릎을 접고 펴는 쁠리에(6번, 1번, 2번 발 포지션)

- 6번, 1번, 2번 등 다양한 발 포지션에서 준비할 수 있다.
- 다리 정렬에 주의하며 척추를 펴고 무릎을 구부릴 수 있는 만큼만 구부린다.
- 척추와 골반이 흔들리지 않도록 버티고 둔근에 힘을 유지하며 무릎을 편다.
- 발목과 무릎의 안정성을 강화하기 위해서 힐 업Heel up 한 상태에서 쁠리에를 반복할 수 있다.

*다리의 포지션 뿐 아니라 리듬을 다양하게 하여 작고 빠르게 바운스하거나 아주 느리게 동작을 반복할 수 있다.

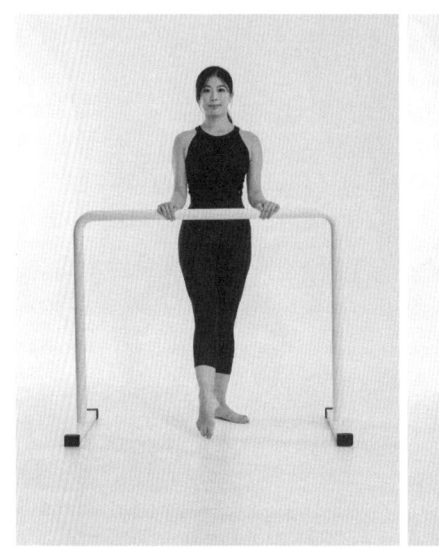 

내측광근을 활성화하는 땅뒤 업

- 1번 발 포지션에서 준비한다.
- 골반을 나란히 하고 고관절의 턴아웃을 유지하며 다리를 앞으로 내민다.
- 무릎을 펴 다리를 위로 들어 올린다. 무릎 내측에 위치한 허벅지 근육을 자극한다.
- 다리를 내리고 들어 올리며 동작을 반복한다.

중둔근과 내전근을 활성화하는 사이드 스윙

- 6번 발 포지션에서 준비한다. 다리를 앞으로 내밀어 허벅지 안쪽 내전근 힘으로 다리를 모은다.
- 골반을 나란히 한 상태에서 다리를 바깥쪽으로 벌려 중둔근을 자극한다.
- 고관절의 내전과 외전을 반복하며 리드미컬하게 스윙한다.

둔근을 활성화하는 아라베스끄 킥

- 1번 발 포지션에서 준비한다. 바에 기대어 허리의 긴장을 완화한 상태에서 둔근에 힘을 주고 골반을 나란히 유지하며 한쪽 다리를 뒤로 뻗는다.
- 허리에만 힘이 들어가지 않도록 주의하며 다리를 들어 올린다.
- 다리를 길게 뻗어 내린다. 둔근의 힘을 인지하며 동작을 반복한다.

*지지하는 다리의 골반이 옆으로 틀어지거나 회전되지 않게 주의한다.

무릎의 고유 수용성 감각을 강화하는 쁘띠 쥬떼

- 6번 발 포지션에서 준비한다. 한쪽 다리는 무릎을 접어 외발로 서서 준비한다.
- 바닥에 있는 다리의 무릎을 접어 제자리에서 아주 살짝 뛰었다가 발볼부터 떨어뜨리며 부드럽게 착지한다.
- 무릎이 안으로 혹은 밖으로 벌어지지 않도록 주의하며 흔들림을 최소화하면서 가볍고 빠르게 동작을 반복한다.
- 착지가 안정적일 땐 소리가 크게 나지 않는다.

*무릎이 불안정하다면 발을 공중으로 떼지 않고 점프하는 느낌만 가지고 동작을 실시한다.

고관절
Hip joint

고관절의 구조
Structure of the hip joint

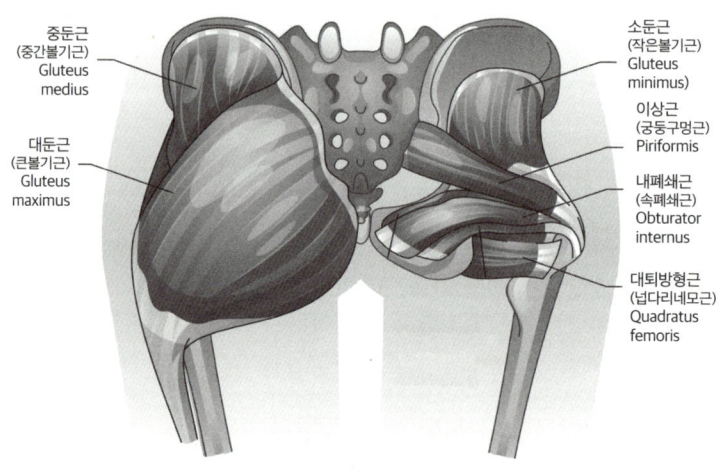

POST VIEW

고관절 주변 근육

어깨관절과 마찬가지로 고관절은 구상관절이다. 골반의 관골구와 대퇴골두가 만나서 관절을 형성하며 겹겹이 분포해 있는 인대 덕분에 어깨관절에 비해 견고하다. 고관절은 몸의 무게를 지지하고 힘을 전달하는 중요한 역할을 한다. 특히 걷기와 달리기 같은 동작을 할 때 지면에서 전달되는 부하를 척추로 전달하여 분산시킨다. 고관절은 시상면, 관상면, 수평면 세 면에서 움직임을 수행하기 때문에 더욱 강한 가동성이 요구된다. 골반과 대퇴골두 사이에 부착되어 있는 6개의 고관절 외회전 근육은 골반과 고관절을 연결시킨다. 이 근육들은 대둔근의 보조 역할과 골반의 돌림에 필요한 미세조절, 고관절을 움직일 때 안정화시키는 역할을 담당한다. 이 근육들 사이로 좌골 신경이 지나가게 되는데, 심부 고관절 외회전 근육의 경직 및 비대는 좌골 신경을 압박해 다리저림이나 신경학적 증상들을 유발할 수 있다.

심부 고관절 외회전 근육을 밖으로 감싸고 있는 대둔근은 가장 큰 엉덩이 근육으로 고관절의 신전과 외회전에 중요한 역할을 한다. 대둔근의 근력 및 유연성 감소는 고관절의 굴곡을 제한하고, 이에 대한 보상작용으로 요추를 과도하게 움직이게 한다. 또 고관절 외회전 근육과 햄스트링의 과사용을 일으킬 수 있으며 고관절 신전에 제한이 생겨 보행에도 안 좋은 영향을 미칠 수 있다. 골반을 양 옆에서 받치고 있는 중둔근은 고관절의 외전과 내전을 돕고 보행 시 골반의 안정화를 담당한다. 중둔근의 기능이 떨어지면 골반 균형에 문제가 일어나고, 골반의 비정상적 기울어짐을 초래하여 허리 통증이나 무릎 통증을 유발할 수 있다. 둔근 중 가장 작은 소둔근은 중둔근 아래에서 중둔근과 같은 기능을 하며 고관절이 흔들리지 않도록 잡아주는 안정화 역할을 한다.

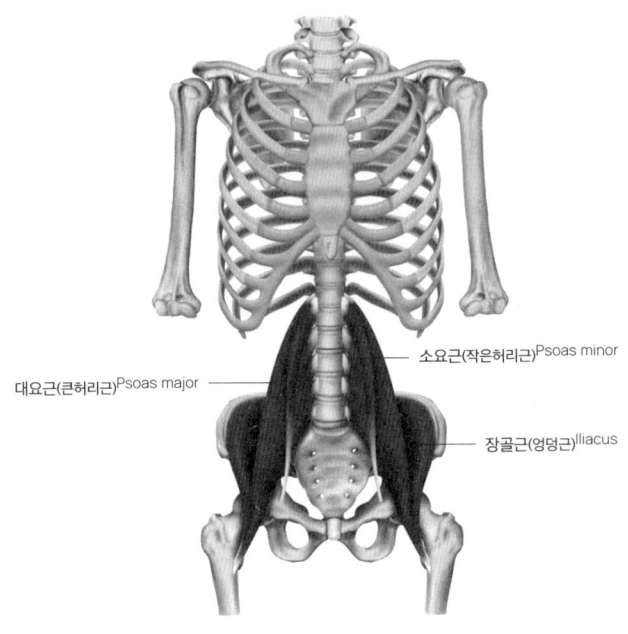

장요근

척추에서부터 고관절에 걸쳐 부착된 근육인 장요근(엉덩허리근)Iliopsoas은 대요근과 소요근, 장골근으로 이루어져 있으며 요추, 골반전면, 고관절에 걸쳐 상지와 하지를 잇는 유일한 근육이다. 장요근은 고관절의 굴곡, 외전, 외회전의 움직임과 요추의 안정화, 골반균형에 중요하게 작용한다. 장요근의 단축 및 긴장은 척추 통증 및 질환을 일으키는 원인이 될 수 있는데 오래 앉아 있거나 다리를 꼬는 습관, 잘못된 걸음걸이, 복근의 약화는 장요근을 뻣뻣하게 만들고 주변 근육의 경직을 일으킨다. 이는 골반의 틀어짐 뿐 아니라 전신에 영향을 줄 수 있다. 바레 트레이닝을 통해 고관절을 다양한 면에서 유연하게 움직일 수 있으며, 고관절의 가동성을 확보하고 둔근과 장요근의 기능을 강화할 수 있다.

고관절 가동성과 턴 아웃
Hip joint mobility and turn out

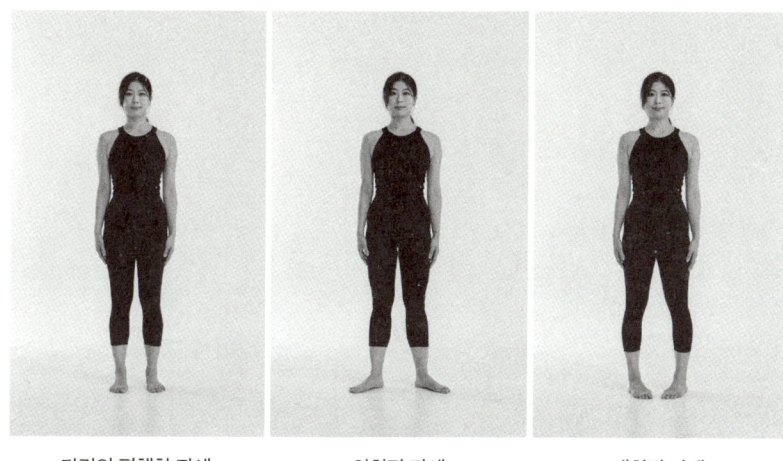

다리의 평행한 자세　　　　외회전 자세　　　　내회전 자세

　　고관절은 골반과 대퇴골두가 만나는 관절로 대표적으로 가동성Mobility이 중요한 관절이다. 고관절 주변의 긴장도가 올라가면, 관절의 독립적인 사용이 어려워지고 골반과 함께 움직여 요추의 과도한 사용을 유발한다. 특히 바레에서 강조하는 턴 아웃, 즉 고관절의 외회전이 제한된다면 무릎이나 발목은 그에 따른 보상의 움직임으로 과사용되는데, 이것은 곧 부상의 원인이 될 수 있다. 결국 고관절의 가동성 제한은 발목관절, 무릎관절, 고관절뿐 아니라 골반과 요추에 걸쳐 부정적인 영향을 줄 수 있다. 따라서 다리의 정렬을 인지하였다면, 고관절의 분리된 회전 움직임을 의식하는 것이 중요하다. 2번째 발가락과 무릎은 항상 같은 곳을 바라보고 있어야 하며 고관절 외회전과 내회전 시 발목과 무릎관절이 함께 움직이도록 한다. 고관절의 부족한 회전을 다른 관절이 무리하게 수행하지 않도록 주의한다.

고관절 통증을 위한 분리된 움직임
Isolated movements for hip pain

가동성을 위한 고관절 스트레칭 Hip mobility stretches

둔근 스트레칭

- 한쪽 다리는 바 위에 외회전하여 올린다.
- 상체를 가능한 범위 안에서 굴곡하며 둔근을 스트레칭한다.
- 편안한 호흡과 함께 둔근의 늘어남을 인지한다.

장요근 스트레칭

- 한쪽 다리를 바 위에 걸쳐 무릎 뒤 오금이 닿게 한다. 서 있는 반대쪽 다리는 평행하게 하여 한 발 뒤에 선다.
- 척추를 길게 세워 서 있는 다리 쪽 고관절의 앞쪽을 늘리며 골반을 앞으로 밀어준다.

  *바에 올라가 있는 다리의 고관절은 접히는 부분이 올바르게 굴곡될 수 있도록 골반의 정렬을 바르게 하고 요추가 뒤로 후만되지 않도록 주의한다.

고관절의 긴장 해소 및 고관절 움직임을 인지하는 동작
Hip tension relief and proprioceptive hip movements

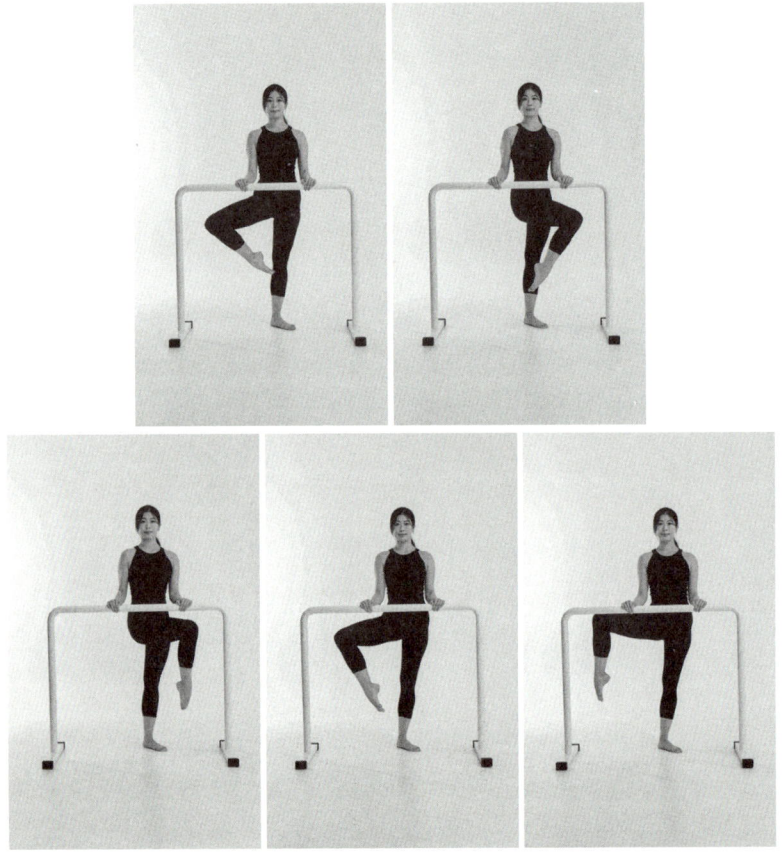

고관절의 내회전과 외회전의 움직임, 파세 인 & 아웃

- 1번 발 포지션에서 한쪽 다리의 발끝을 내측 복숭아뼈에 놓는 꾸드삐에 혹은 무릎 옆에 놓는 파세에서 준비한다.
- 고관절을 내회전하면서 다리를 안으로 보낸다.
- 계속해서 끊기지 않게 움직이며 둔근의 힘으로 고관절을 외회전하

면서 무릎을 밖으로 연다. 무릎을 밖으로 연다.

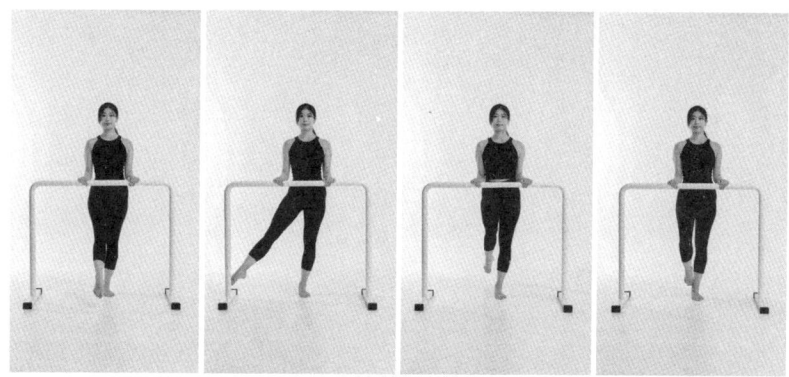

고관절 주변 근육의 활성화를 위한 롱 드 장브(평행)

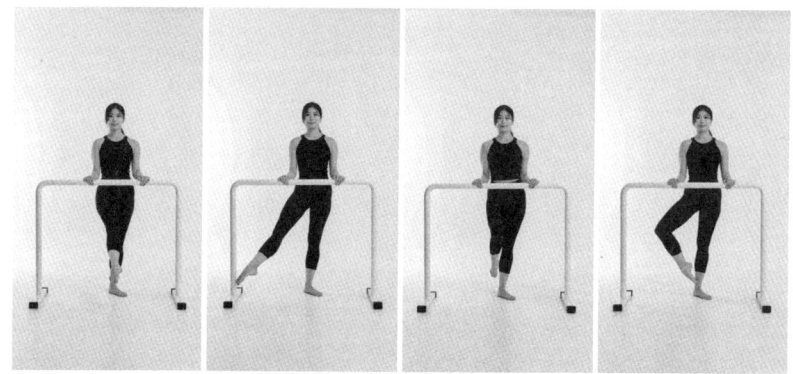

고관절 주변 근육의 활성화를 위한 롱 드 장브(외회전)

- 6번 발 혹은 1번 발 포지션에서 준비한다.
- 한쪽 다리를 앞으로 들어 올린 후 옆을 거쳐 뒤로 보낸다. 몸통의 사각을 유지하며 골반이 올라가거나 회전되지 않도록 주의한다.
- 다리를 접어 앞으로 편 후 동작을 연결한다. 고관절 주변의 힘을 느껴본다.

- 다리의 방향을 앞에서 뒤로 움직이며 정방향으로 반복한 뒤 다리를 뒤에서 앞으로 움직이는 역방향Reverse으로도 반복해 본다.

고관절 주변 강화 운동 Hip strengthening

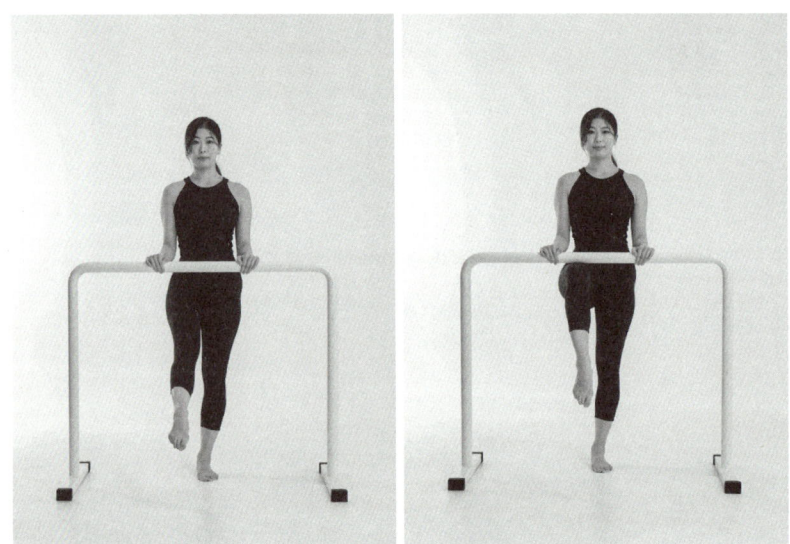

장요근을 강화하는 인 파세 니업

- 6번 발 포지션에서 한쪽 다리를 앞으로 내밀어 살짝 들어 올려 준비한다.
- 무릎을 구부리며 고관절을 최대한 위로 들어 올린다. 골반이 올라가거나 회전되지 않도록 한다.
- 고관절 앞쪽 깊숙한 곳의 자극을 느끼며 살짝 내렸다가 다시 들어 올리는 동작을 반복한다. 다리가 벌어지지 않도록 주의한다.

고관절 외회전 근육을 강화하는 파세 킥

- 1번 발 포지션에서 한쪽 다리의 발끝을 서 있는 다리의 무릎 옆에 살짝 붙여 파세한다.
- 골반의 모양과 고관절의 외회전을 유지하면서 무릎을 살짝 들어 올렸다가 내린다.
- 고관절 앞쪽의 굴곡근보다 뒤쪽 둔근의 힘을 느끼며 동작을 한다.

*몸통의 사각형이 틀어지지 않는 범위에서 움직인다.

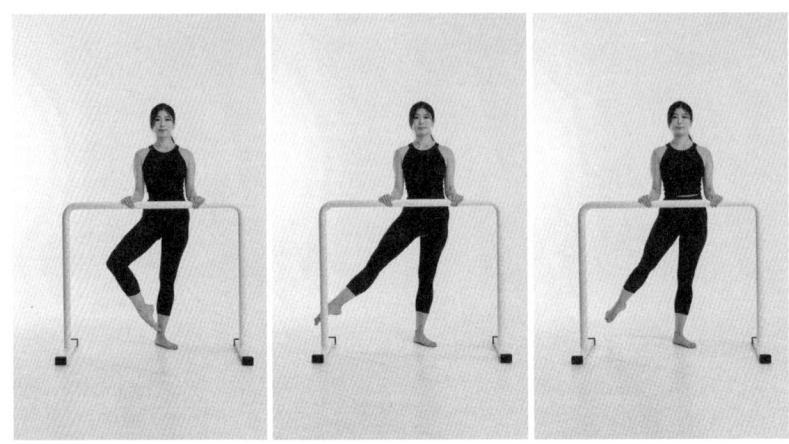

고관절 주변을 강화하고 무릎의 유연성을 높이 롱 드 장브 앙 레르

- 1번 발 포지션에서 한쪽 다리의 발끝을 서 있는 다리의 내측 복숭아뼈에 놓는 꾸드삐에 혹은 무릎 옆에 놓는 파세로 준비한다.
- 고관절 외회전을 유지하면서 다리를 옆으로 길게 편다.
- 둔근의 힘을 유지하고 골반이 흔들리지 않게 유지하면서 무릎을 접어 발끝으로 서 있는 다리의 무릎 뒤에서 앞 방향으로 반원을 그린다. 다리를 다시 옆으로 뻗어내며 동작을 반복한다.
- 서 있는 다리는 지속적으로 바닥을 밀어내며 풀업한다. 둔근까지 힘이 연결되어야 한다.

*허벅지가 흔들리지 않게 주의한다. 무릎관절 안에서 회전에 의해 원형을 그리도록 한다.

골반
Pelvis

골반의 구조
Structure of the pelvis

골반은 장골, 치골, 좌골 3개의 뼈로 이루어져 있고, 우리 몸의 중앙에서 척추를 떠받치고 있으며 척추에 실리는 체중을 두 다리로 분산시키는 역할을 한다. 근골격계의 전체 균형을 잡아주는 아주 중요한 부위로 골반의 대칭이 틀어지면 척추곡선이 휘어지고 천골과 장골이 만나는 천장관절이 어긋나게 되는데 이는 전신의 틀어짐으로 이어질 수 있다.

근육의 변형은 골반의 위치를 결정한다. 골반을 전방경사 시키는데 영향을 미치는 근육은 척추기립근과 고관절 굴곡근이고 골반을 후방경사 시키는데 영향을 미치는 근육은 복근과 고관절 신전근이다. 이 4가지 근육군들이 어느 곳 하나 경직되거나 늘어나 있지 않은 상태, 즉 가장 이상적인 수축을 할 때 골반이 가장 편안하게 위치하게 되는데 이것을 다른 말로 '골반의 중립'이라고 한다. 이 위치에서 코어근육이 가장 활성화되며 다른 부위에서의 보상을 최소화시켜 통증과 부상을 예방할 수 있다.

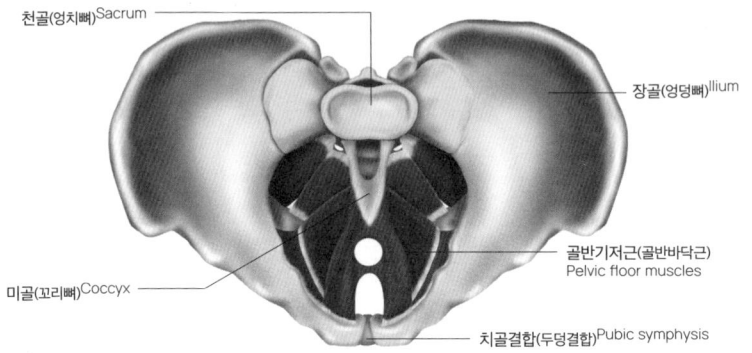

골반기저근

    골반기저근(골반바닥근)Pelvic floor muscles은 치골, 좌골, 꼬리뼈와 연결되어 골반 아래에서 여러 층으로 겹쳐진 막 같은 근육이다. 골반기저근은 골반의 바닥에서 자궁, 방광, 직장 등 장기들을 받쳐주며 골반의 안정성에 기여한다. 골반기저근의 기능은 치골결합이나 좌골, 꼬리뼈 등 주변의 뼈 위치와도 관련이 있으며 특히 치골결합은 모든 코어 근육이 붙는 자리이자 골반기저근과 내전근의 기준점이 된다. 출산 이후 치골결합이 틀어져 있다면 골반기저근의 기능부전이 생길 수 있고 이는 마치 압력밥솥의 바닥이 깨진 것과 같기 때문에 배뇨, 배변, 성기능, 출산 등 여러 문제가 나타날 수 있다.

    또한 코어 근육과도 연결되어 있어 복부의 수축을 통해 요추를 보호하는 것이 어려울 수 있고, 내전근 및 코어 근육의 조절력 저하와도 관련이 깊다. 골반기저근은 수축도 중요하지만 과도한 수축은 또 다른 문제를 야기하기 때문에 적당한 긴장이 중요하다. 바레 동작 시 좌골결절 주변이 보조개처럼 들어가는지 확인해 보고 코어를 활성화시켜 소변을 참고 있는 듯한 느낌을 유도한다.

골반의 정렬
Pelvic alignment

골반의 중립 정렬

바레 트레이닝 시 시작 자세에서 관절을 안정시키고 운동효과를 극대화하기 위해 골반을 중립으로 만든다. 하지만, 중립 자세에 대한 강조는 개인에 따라 다르게 적용되어야 하고, 골반의 정렬을 맞출 땐 중립 자세를 엄격하게 만들어 몸이 과긴장 상태가 되지 않도록 주의해야 한다. 운동을 시작하기 전부터 대근육Global muscle의 의 과도한 수축으로 중립 자세를 만들게 되면 관절을 안정화하는 인대나 속근육을 사용하기도 전에 대근육들의 개입이 많아지기 때문이다. 바로 누웠을 때 골반의 중립은 골반 앞쪽 돌출되어 있는 전상장골극ASIS: Anterior superior iliac spine과 치골결합Pubis symphysis을 이루는 삼각형이 수평을 이루고 이 삼각형이 바닥과 평행인 자세이다. 서 있을 때는 전상장골극과 치골결합이 수직에 위치해야 한다. 이 정렬은 골반 주변의 근육들을 가장 효율적으로 사용할 수 있는 자세이다. 따라서 골반의 중립 정렬을 만들 때는 안정되고 편안한 상태에서 기립근의 수축으로 허리의 만곡을 인위적으로 만들지 않도록 하며 깊숙하게 위치한 하복부 근육을 활성화 시켜 골반을 세우는 것에 집중한다.

골반 균형을 위한 움직임
Movements for pelvic balance

골반의 움직임을 인지하는 운동 Pelvic proprioception exercises

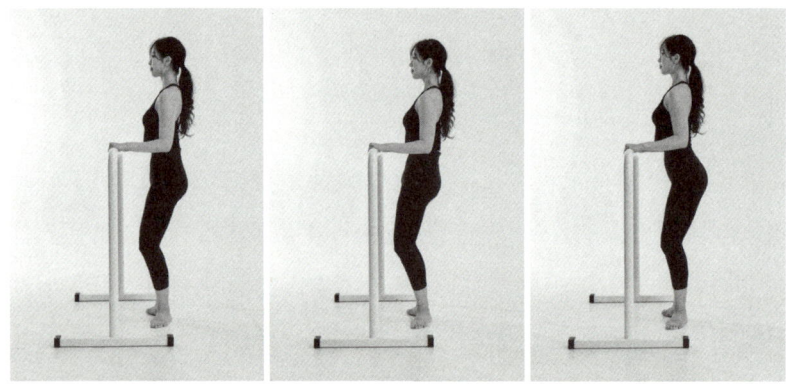

코어의 활성화를 위한 골반 움직임

- 1번 발 포지션에서 빨리에 자세로 준비한다. 뒤꿈치를 모으고 힐 업 포지션에서도 가능하다..
- 골반을 앞과 뒤로 부드럽게 움직이며 반복한다.
- 골반을 좌우로 부드럽게 움직이며 반복한다.

- 끊기지 않는 부드러운 움직임에 집중하다 보면 골반 주변의 코어 근육들이 활성화된다.

골반 회전 스트레칭

- 바를 잡고 한 걸음 뒤로 가서 허리를 길게 펴서 숙인다.
- 무릎을 구부리며 골반을 회전한다. 반대쪽도 똑같이 반복한다.

골반의 경직을 해소하는 운동 Exercises to relieve pelvic stiffness

다리를 앞과 뒤로 차는 바뜨망 스윙

- 6번 발 포지션에서 준비한다.
- 다리를 앞과 뒤로 가볍게 차며 리드미컬하게 스윙한다.
- 골반이 흔들리지 않게 유지하며 동작을 반복한다.

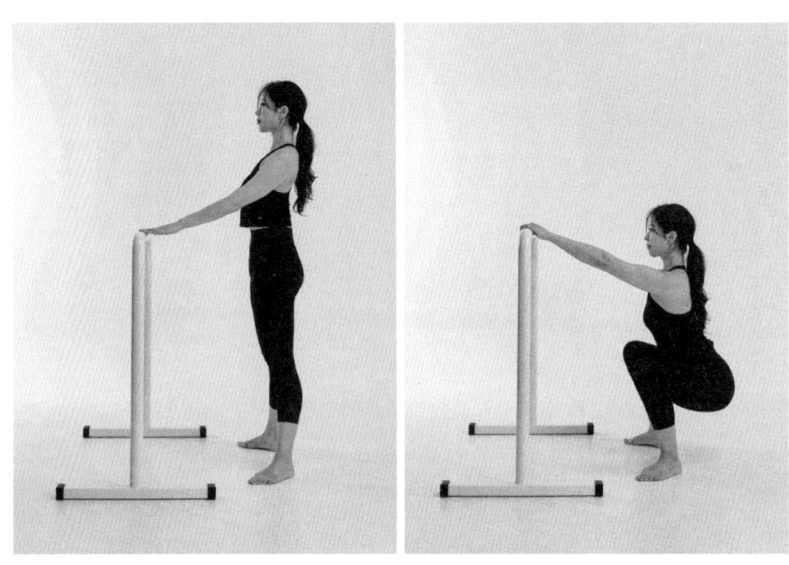

둔근을 늘리는 딥 스쿼트

- 바를 잡지 않고 가볍게 터치한 상태에서 2번 발 포지션에서 준비한다.
- 깊은 스쿼트와 함께 둔근을 늘린다. 무릎과 고관절의 굴곡을 확인하며 움직인다.
- 둔근을 다시 수축하며 고관절, 무릎, 발목을 펴면서 일어난다.

*바에 메달리지 않도록 주의한다.

골반 균형 강화 운동 Pelvic balance exercises

중둔근을 강화하는 사이드 킥

- 바에 기대어 허리를 펴고 6번 발 포지션에서 한쪽 다리를 옆으로 뻗어 준비한다.
- 골반의 중립을 유지할 수 있는 만큼 다리를 들어 올렸다가 내린다. 양쪽 골반의 옆 중둔근의 자극을 느껴본다.

골반 균형을 강화하는 에띠뜌드(외회전)

- 바에 기대어 척추를 펴고 1번 발 포지션에서 준비한다.
- 둔근의 힘으로 한쪽 다리를 뒤로 뻗어 올린다. 복부가 아래로 떨어지지 않게 주의한다.
- 양쪽 골반을 나란히 유지하며 무릎이 바깥쪽을 바라보도록 살짝 구부린다.
- 둔근의 힘을 유지하며 다리 전체가 길어지는 느낌으로 대퇴사두근을 끌어올려 무릎을 편다. 다시 무릎을 접으며 동작을 반복한다.

*양쪽 고관절의 신전과 외회전 가동 범위가 균등한지 확인한다.

골반 균형을 강화하는 에띠뜌드(평행)

- 다리의 모양을 평행한 6번 발 포지션으로 바꾸어 준비한다.
- 햄스트링과 둔근의 힘으로 한쪽 다리를 뒤로 뻗어 올린다. 복부가 아래로 떨어지지 않게 주의한다.
- 뒤꿈치가 힙과 가까워 질 수 있는 만큼 무릎을 접어 햄스트링을 자극한다. 고관절 신전근의 힘을 유지하여 허벅지가 아래로 떨어지지 않게 주의한다.
- 허리가 과신전 되지 않도록 주의하며 둔근과 햄스트링의 연결되는 사용에 집중한다. 무릎을 펴고 접으며 동작을 반복한다.

*다리를 접을때는 햄스트링에 자극을 느끼고 펼때는 엉덩이 아래 주름을 끌어올리는 느낌으로 실시한다.

허리
Waist

척추의 구조와 허리 관련 근육
Structure of the spine and related muscles

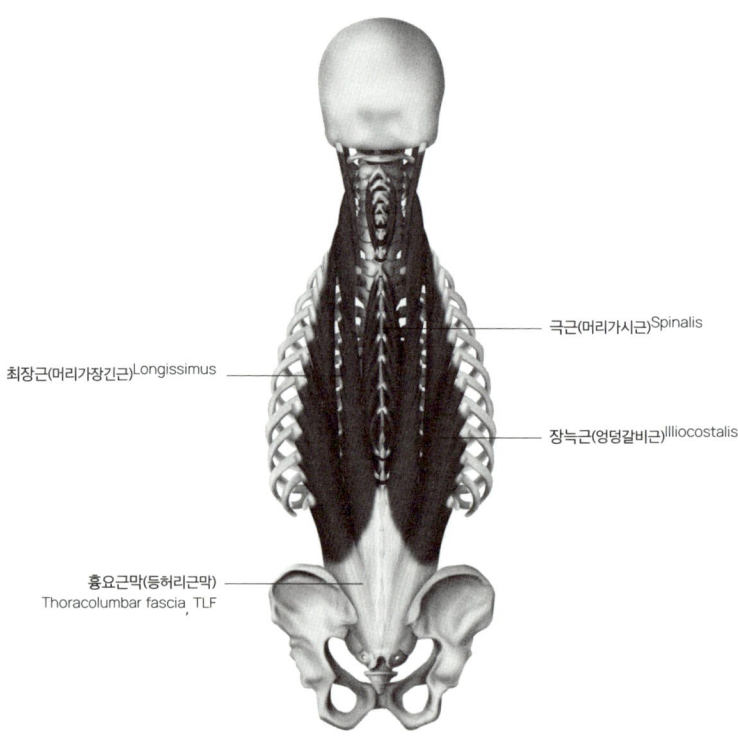

척추의 구조와 척추기립근

척주(척추)Vertebral column는 추골Vertebra이라는 33개의 뼈로 이루어지며 경추, 흉추, 요추, 천추, 그리고 미추로 분류된다. 척주는 척추뼈, 관절, 추간판, 인대, 근육 등으로 구성되어 있기 때문에 마디마디가 유연한 구조이며 다양한 움직임을 만들어 낼 수 있다. 척추는 머리와 몸통, 가슴을 지지하고 몸의 위와 아래를 연결하는 역할을 한다. 체중을 분산하여 외부의 충격을 고르게 흡수하는 기능과 척수Spinal cord 및 척추 신경뿌리(Spinal nerves)를 보호하는 기능을 한다. 척추뼈의 돌기들은 근육, 힘줄, 인대들의 부착 부위를 제공하며 척추의 구조는 유연성과 가동성을 통해 움직임을 이루어 낼 수 있게 한다.

척추기립근(척추세움근)Erector spinae은 하나의 근육이 아니라 최장근, 극근, 장늑근 등이 모인 근육 그룹을 일컫는다. 척추기립근은 체간의 뒤쪽에서 골반부터 두개골Skull까지 크게 연결되어 여러 분절에 길게 걸쳐 있어 척추를 기립해 주고 신전시킨다. 복근과 앞, 뒤로 균형을 이루며 몸통을 조절하여 자세를 안정적으로 유지해 주고 척추 기립 시 중심을 잡아주어 모든 근육이 무리하지 않게 돕는다. 반대로 척추측만증이 있다면 척추의 회전과 휘어짐 때문에 기립근은 과활성화된 쪽으로 근육이 발달하게 된다. 이때 정렬이 깨지면서 안정성이 떨어지고 정상 기능이 어려워진다.

다열근(뭇갈래근)Multifidus은 앞서 나열한 근육들보다 더 심부에 위치한 기립근으로 많은 수의 근방추를 가지고 있고, 근육의 길이 변화를 감지하여 정보를 중추 신경계에 알리는 감각수용체를 가지고 있다. 척추 마디의 분절 단위로 부착되어 있는 다열근의 구조는 고유 수용성 감각을 통해 미세한 움직임을 조절하고 척추 분절을 견고하게 하는 핵심적인 역할을 한다. 다열근은 운동뿐 아니라 일상의 움직임에서도 '척추 분절 움직임Spinal segmental articulation'을 조절한다. 수술환자나 요통환자는 다열근의 활성도가 떨어져 있어 주변의 다른 척추기립근들이 그 역할을 대신하기도 한다. 다열근은 분절의 안정성을 높여 디스크와 천장관절을 보호하기 때문에 대근육을 강화시키기 전, 다열근의 기능 향상을 위한 운동이 선행되어야 한다.

요방형근(허리네모근)Quadratus lumborum은 골반의 장골능에서 시작해 마지막 늑골과 요추에 걸쳐 있다. 요방형근의 한쪽이 수축하면 체간이 고정된 상태에서는 한쪽 골반을 위로 올려 측방경사가 일어나고, 척추가 외측 굴곡을 일으킬 때는 짧아지는 쪽이 수축된다. 따라서 양쪽 요방형근의 균형은 요추와 골반 앞쪽을 안정적으로 만들고 호흡 시 늑골의 최하부를 안정화시킨다. 강한 수축이 일어날 때 골반 한쪽의 과도한 측방경사를 일으킬 수 있다. 흉요근막(등허리근막)Thoracolumbar fascia은 넓고 광대하게 등, 허리에 분포된 근막이며 광배근, 둔근 및 허리뼈 부근을 안정적으로 잡아준다.

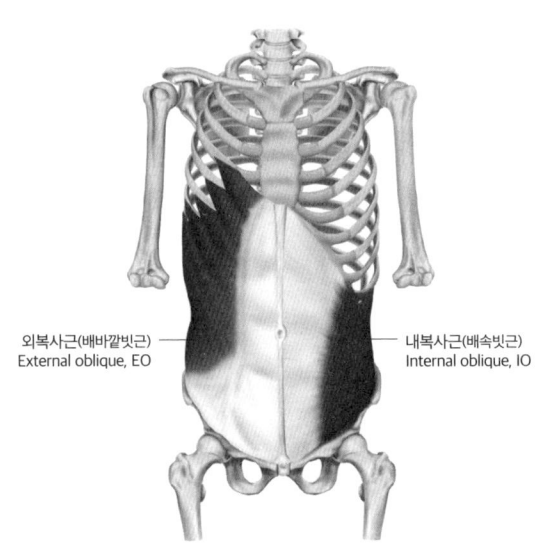

외복사근과 내복사근

체간의 후면에는 척추가 버티고 있지만 체간의 앞부분에는 버틸 수 있는 구조물이 없기 때문에 복직근은 다이나믹한 척추라고 할 수 있다. 복직근 Rectus abdominus, 외복사근 External oblique, 내복사근 Internal oblique은 팔과 다리의 움직임을 위한 코어의 안정성을 제공한다. 복직근은 체간을 굴곡시키며 흉골, 갈비뼈, 골반을 연결하는 강력한 벽으로 근력의 약화보다 오히려 그 균형이 깨질 때 더 큰 문제가 될 수 있다. 따라서 바레 트레이닝을 할 때 복직근의 강화보다 양측의 균형을 최우선으로 해야 한다.

복사근은 척추의 회전과 외측굴곡을 만든다. 외복사근은 알파벳 V 모양, 내복사근은 알파벳 A 모양으로, 이들은 앞과 옆에서 척추를 움직일 때 자세를 안정적으로 유지할 수 있도록 돕는다. 복직근과 복사근이 강하게 수축하면 척추의 과굴곡과 골반의 과도한 후방경사를 일으킬 수 있다. 복횡근(배가로근)Transverse abdominus, TrA은 자세의 불안정성에 가장 깊이 작용하는 수의근(의지나 힘으로 수축시킬 수 있는 근육)으로 복부의 가장 깊은 곳에 위치한 심부 근육이다. 허리뼈를 둘러싸고 있는 형태로 복대나 코르셋처럼 허리의 지지대 역할을 한다. 배에 가볍게 힘을 줘 복부를 오목하게 만드는 호흡을 하면 일상생활이나 가벼운 운동 시 복횡근을 활성화시킬 수 있다. 앞서 나열한 척추기립근과 복근이 약해지거나 과하게 긴장되면 허리의 움직임이 뻣뻣해지면서 요통을 유발할 수 있고, 척추의 퇴행성 질환을 가속화한다. 허리의 움직임은 항상 강함과 부드러움을 함께 유지해야 한다.

척추 정렬과 풀업
Spine alignment and pull up

바레 트레이닝 시에는 척추의 이상적인 정렬과 움직임을 목표로 해야 한다. 척추의 커브가 안정적일 때 근육의 이상적인 수축을 통해 외부의 충격을 뼈, 건, 연골, 인대, 근육으로 골고루 나누어 흡수하기 때문에 동작을 안전하게 수행할 수 있다. 부드럽고 자연스러운 척추의 분절 움직임은 척추부 전체의 가동범위를 더 크게 하여 세심하고 정밀한 움직임을 만들어 준다. 이는 올바른 신체 정렬을 이루고 인지하는 능력을 향상시키며 다른 부위의 움직임까지 부드럽게 만든다. 하지만 척추관련 질환이나 통증, 불균형, 기능 부전이 있는 사람이라면 큰 척추 분절 동작을 갑자기 수행하다가 오히려 관절의 불안정성을 야기시킬 수 있으니 주의가 필요하다. 협응력이 떨어지거나, 부드러운 분절의 움직임이 어려운 경우 대근육이 안정화 역할을 함께하기 때문에 오히려 근육의 경직이 심화될 수 있다. 잘못된 분절운동은 척추부 관련 질환을 악화시킬 수 있으므로 반드시 세밀한 움직임에 집중해야 한다.

풀업은 신체를 스스로 길게 늘린 상태를 뜻하는 말로, 정적이거나 동적인 움직임을 수행할 때, 척추사이 관절Intervertebral Joint이 최대한 늘어나 있을 수 있도록 노력하여야 한다. 척추와 척추 사이에 있는 디스크Disc가 노화 및 퇴화하게 됨에 따라, 수분을 잃으면서 부피가 감소하고 척추와 척추 사이 공간이 줄어들게 되는데, 바레 트레이닝에서는 척추뼈 사이를 최대한 신장시키는 느낌인 '풀업'을 유지하며 동작을 진행하게 된다. 현대인들의 잘못된 보행습관, 근육과 자세의 불균형, 중력, 체중 부하, 잘못된 자세 등으로 인해 신체는 매일 압박을 받고 있다. 따라서 척추뿐 아니라 팔을 쭉 뻗거나, 다리를 곧게 펴는 등 몸을 길게 뻗어내는 모든 바레 동작에서 관절을 신장시키는 느낌을 유지하는 것이 중요하다. 자세를 바로 세우는 근력이 약할 때 풀업을 잘못된 방식으로 적용하면 요추가 과전만 되거나, 흉추가 자연스러운 후만 상태를 잃어버리거나, 턱을 과도하게 내밀거나 당기면서, 불필요한 힘이 사용될 수 있기 때문에 정렬을 지키며 자연스럽게 동작하도록 한다.

허리 통증을 위한 몸통의 부드러운 움직임
Gentle trunk movements for lower back pain

허리의 긴장을 완화하는 운동Exercises to relieve lower back tension

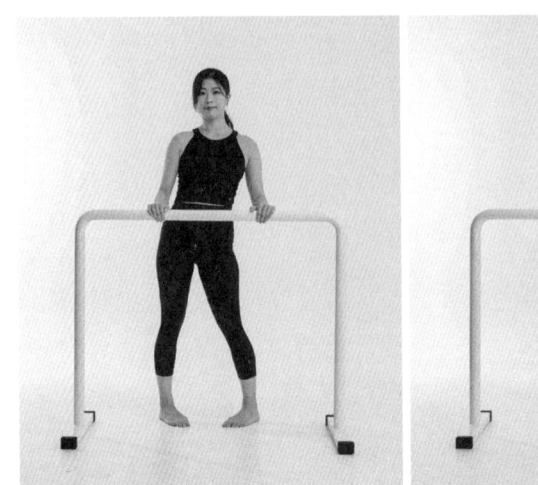 

허리를 돌리는 룸바 롤링(평행, 내회전)

- 다리를 평행하게 하거나 내회전하여 골반과 허리를 한쪽으로 돌린다.
- 통증이 없는 범위에서 큰 원을 그리며 부드럽게 움직인다.
- 반대쪽으로 동작을 반복한다.

척추 분절 운동 Segmental spinal exercises

척추 분절 운동, 바 캣

*가능한 가동범위 안에서 부드럽게 움직인다

- 바를 잡고 뒤로 한발 물러나와 다리를 넓게 벌려 선다. 고관절을 굴곡하여 척추와 가슴, 햄스트링을 길게 펴서 늘린다.
- 무릎을 구부리며 꼬리뼈부터 말아 요추, 흉추, 경추 순으로 척추를 동그랗게 굴곡한다.
- 꼬리뼈부터 펴서 내려가며 요추, 흉추, 경추 순으로 척추를 신전하여 길게 늘린다.

복부 활성화 운동 Abdominal activation exercises

복부 활성화를 위한 폴딩 레그(평행)

- 6번 발 포지션에서 바에 살짝 기대어 골반은 중립자세로 세우고 등을 동그랗게 말아 준비한다.
- 호흡과 함께 한쪽 다리의 무릎을 접어 가슴 쪽으로 올리며 하복부 힘을 끌어올린다. 요추의 과도한 후만을 주의한다.
- 다리를 내리고 반대쪽 다리를 올리며 동작을 반복한다.

*반드시 통증이나 불편감이 없는 범위 내에서 실시한다.

복부 활성화를 위한 폴딩 레그(내회전)

- 6번 발 포지션에서 바에 살짝 기대어 골반은 중립 자세로 세우고 등을 동그랗게 말아 준비한다.
- 호흡과 함께 고관절을 내회전하여 무릎을 접어 올린다. 하복부 힘을 반대편 골반뼈 쪽으로 비스듬하게 끌어올린다. 최대한 고관절을 분리하여 골반이 움직이지 않도록 한다.
- 다리를 내리고 반대쪽 다리를 올리며 동작을 반복한다.

*요추와 골반이 회전되지 않도록 주의한다.

척추기립근 강화 운동 Exercises to strengthen the spinal erector muscles

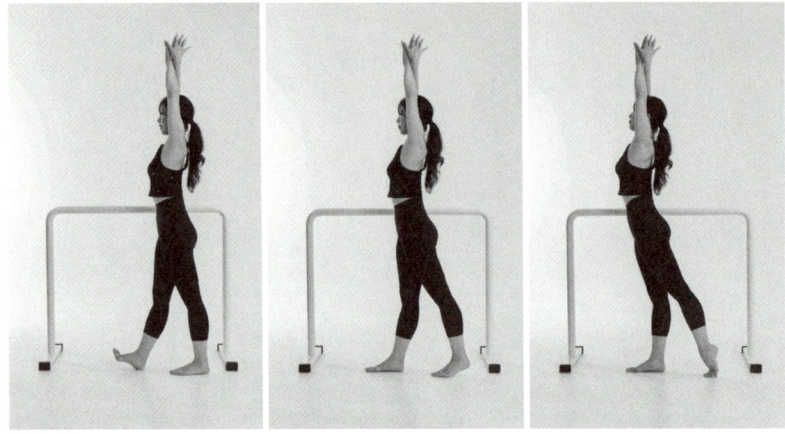

스텝 풀업

- 양손을 꼬아 손바닥이 서로 맞닿게 하고 평행한 4번 발 포지션에서 준비한다.
- 앞에 있는 발의 발목을 들어 올려 플랙스한다. 발바닥이 바닥에서 떨어지게 한다.
- 중심을 잡으며 앞다리 쪽으로 체중을 이동시킨다. 손끝과 척추가 위로 길게 풀업 되도록 한다.
- 발을 분절하듯 세밀하게 움직이며 뒤로 돌아온다. 앞으로 뒤로 움직이며 동작을 반복한다.

*고관절 신전근을 사용하여 골반이 전방경사 되지 않게 주의한다.

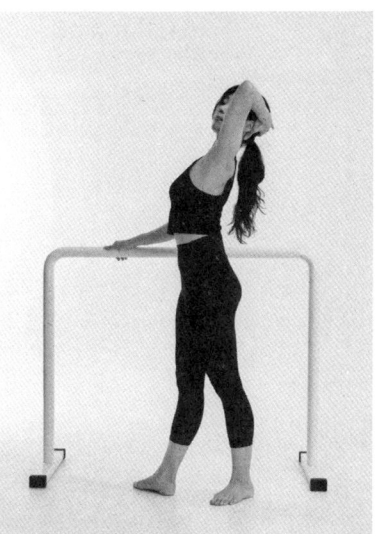

척추 신전을 위한 컴블레 백

- 4번 발 포지션에서 골반은 중립 자세를 만든다. 둔근과 고관절 내 전근을 조여 모아 준비한다. 한 손은 바에 반대쪽 손은 머리를 받 친다.

- 둔근과 내전근의 힘을 유지하며 척추를 길게 늘리면서 흉추의 상부를 편다.
- 척추의 가동범위에 따라 경추와 함께 흉추 상부를 신전한다. 이때 반드시 둔근의 힘을 유지해야 한다.
- 복부를 수축하여 척추를 세우며 시작 자세로 돌아온다.

*고관절 신전근과 내전근, 하복부 근육을 함께 사용하여 골반이 전방경사 되지 않게 주의한다.

등
Back

흉추와 갈비뼈의 구조
Thoracic spine and rib structure

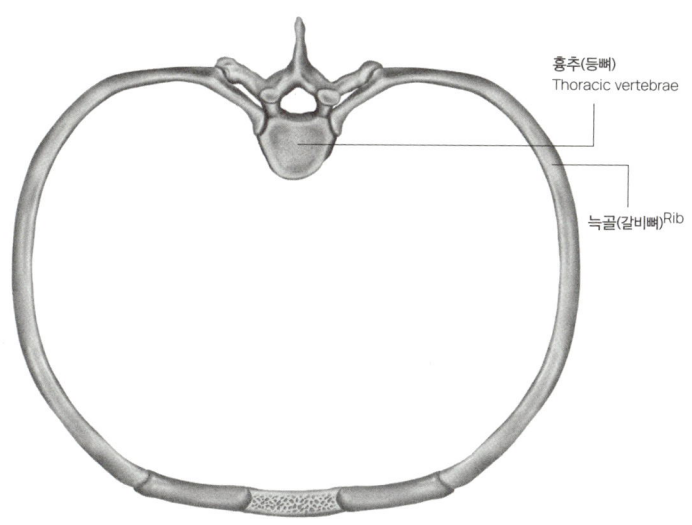

흉추와 갈비뼈의 구조

 해부학적으로 감싸 안는 듯한 곡선을 이루는 12개의 갈비뼈는 12개의 흉추에 연결되어 있기 때문에 갈비뼈와 흉추의 정렬은 밀접하게 연관되어 있다. 또 흉추는 아래쪽으로 요추와 연결되어 있기 때문에 흉추의 이상적인 정렬은 요추의 안정성과도 떼어 놓을 수 없다. 바레 트레이닝을 할 때 흉곽 Thoracic cage이 돌출되는 이유는 편평등Flat back 혹은 골반의 전방경사와 같은 체형적인 문제가 있거나, 잘못된 호흡 패턴으로 인해 갈비뼈의 유연한 움직임이 원활하지 않을 수 있기 때문이다. 이는 곧 요추의 정렬에 영향을 미치기 때문에 요추의 안정화 근육들을 동시에 활성화하여 흉곽을 바로잡아야 한다. 하지만 간혹 흉곽의 안정화를 위해 특정 근육에 과도한 수축이 일어나면 목, 어깨, 등 근육이 경직되거나 보상 움직임이 나타난다. 따라서 바레 트레이닝을 할 땐 깊고 편안한 호흡과 함께 흉추를 유연하게 움직여야 하며 갈비뼈가 딱딱하게 고정되지 않도록 주의해야 한다. 바레 트레이닝 시 편안한 호흡과 함께하는 부드러운 등의 움직임은 흉곽과 흉추의 유연성으로 연결될 것이다.

횡격막과 호흡
Diaphragm and breathing

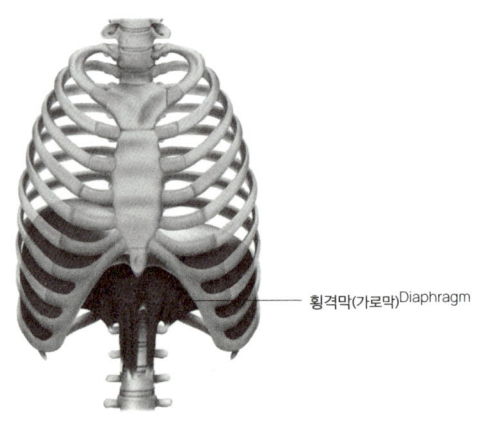

횡격막

호흡을 통해 체내에 산소가 들어오면 신체조직으로 산소를 전달하고 몸속의 이산화탄소를 배출하면서 몸의 순환이 이루어진다. 올바른 호흡은 불필요한 근육의 긴장을 풀어주고 신체와 정신을 통합하여 인지능력과 목표로 하는 근육의 활성도를 높여준다. 목 주변 근육을 사용하는 얕은 호흡은 어깨와 목 뿐만 아니라 등을 경직되게 하여 등 통증의 원인이 되기도 한다. 편안한 호흡을 위해서는 가슴과 복부 사이에 위치한 횡격막을 움직이는 호흡을 해야한다. 몸통 전체가 공기로 가득 차도록 숨을 마시고 내쉴 때 몸속 공기를 모두 내뱉으며 호흡한다. 이때 목이나 얼굴, 어깨에 긴장이 들어가서는 안 된다.

횡격막은 요방형근, 요근, 흉요근막과 연결되어 있고 복횡근, 골반기저근과 함께 협응 수축하며 척추의 안정화에 중요한 역할을 한다. 횡격막의 기능이 감소되면 주변 근육의 보상작용으로 인해 불필요한 근육의 수축이 일어날 수 있다. 동작의 리듬에 따라 자연스럽게 이루어지는 편안한 호흡은 코어의 안정화에 효과적이고 경직된 흉곽을 이완시켜 흉추의 움직임을 부드럽게 만든다. 출산 후에는 갈비뼈가 벌어져 있는 형태로 변할 수 있는데 이런 경우에도 횡격막을 움직이는 호흡이 흉곽의 형태 교정에 효과적일 수 있다. 척추의 틀어짐이 있는 경우에는 흉곽의 비틀림으로 연결될 수 있다. 양쪽의 갈비뼈가 호흡을 할 때 비대칭적인 움직임을 갖게 되기 때문에 찌그러져 있는 흉곽을 확장시키고, 벌어져 있는 갈비뼈를 수축할 수 있도록 옆으로 눕거나 기댄 자세에서 수행하는 한쪽 면의 호흡One-side breathing이 필요할 수 있다.

등 통증을 위한 다양한 면에서의 흉추 움직임
Various thoracic spine movements for back pain

흉추의 가동성을 높이는 동작 Thoracic spine mobility exercises

흉추의 굴곡과 신전 움직임

- 바를 등지고 있는 자세에서 6번 발 포지션에서 준비한다. 양팔은 바 뒤로 보낸다.
- 시선은 천장을 바라보며 등을 길게 신전한다. 동시에 어깨를 바깥쪽으로 열어준다.
- 시선은 바닥을 바라보며 등을 동그랗게 굴곡한다. 어깨는 안으로 말아 날개뼈 사이를 늘리고 손등이 보이게 한다.

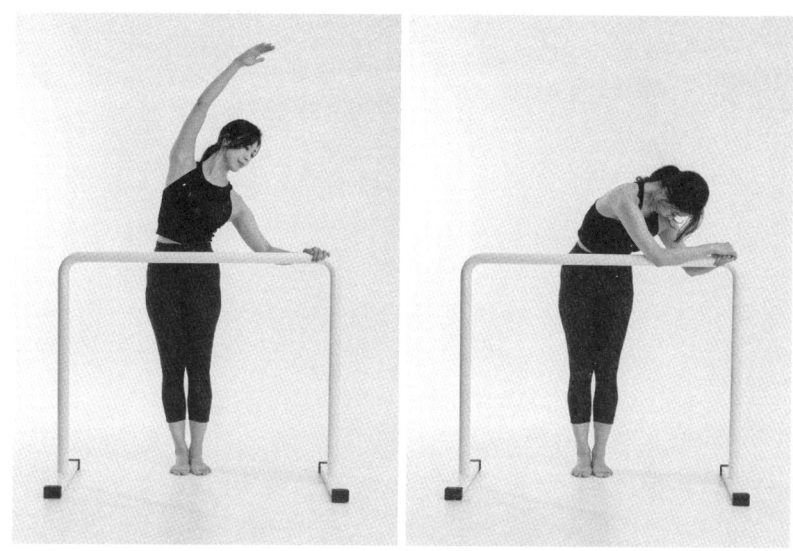

흉추 측굴과 회전 움직임

- 한 손으로 바를 잡고 반대쪽 팔은 위로 올려 척추를 옆으로 외측 굴곡한다. 체간의 외측이 늘어난다.
- 등을 동그랗게 말아 회전하면서 양손으로 바를 잡는다. 척추의 후면을 길게 늘린다.
- 다시 척추를 외측굴곡한 뒤, 바로 세우면서 시작 자세로 돌아간다.

*허벅지 안쪽이 벌어지지 않게 노력하고 둔근에 힘을 주어 골반을 고정한다.

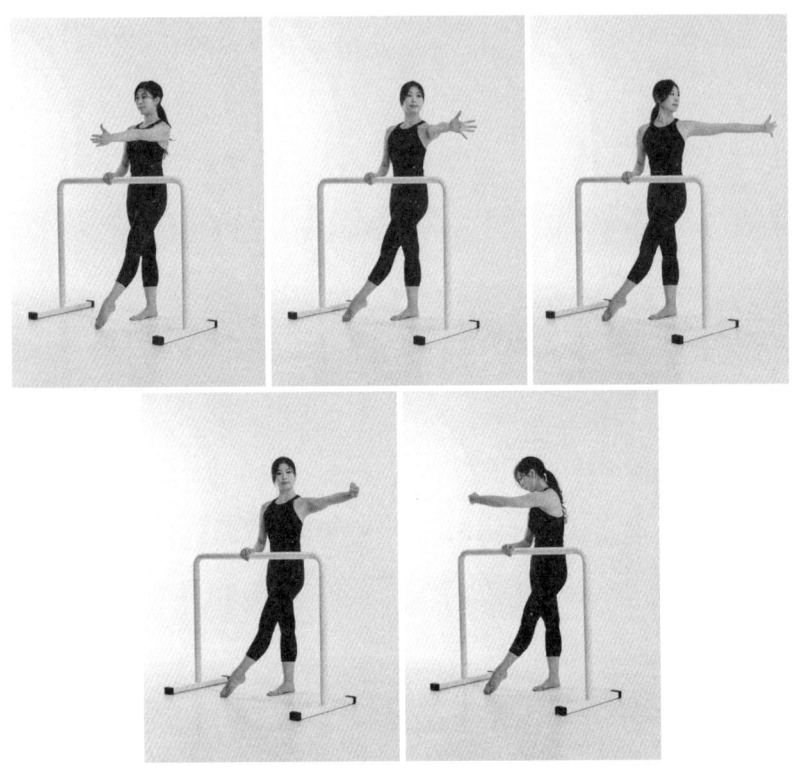

흉추 회전과 굴곡 움직임

- 6번 발 포지션에서 한쪽 다리를 앞으로 포인하고, 같은 쪽 팔을 앞으로 나란히 하여 준비한다.
- 시선과 함께 앞으로 나와 있는 다리 쪽으로 등을 회전하면서 손가락을 벌려 손목을 신전한다. 손바닥과 손목 굴곡근들이 함께 늘어난다.
- 시선과 함께 등을 반대편으로 회전하면서 동시에 굴곡한다. 주먹을 쥐며 손목을 굴곡하여 손등과 손목 신전근들을 함께 늘린다.
- 동작을 반복하며 골반을 나란히 하고 등과 어깨의 움직임에 집중한다.

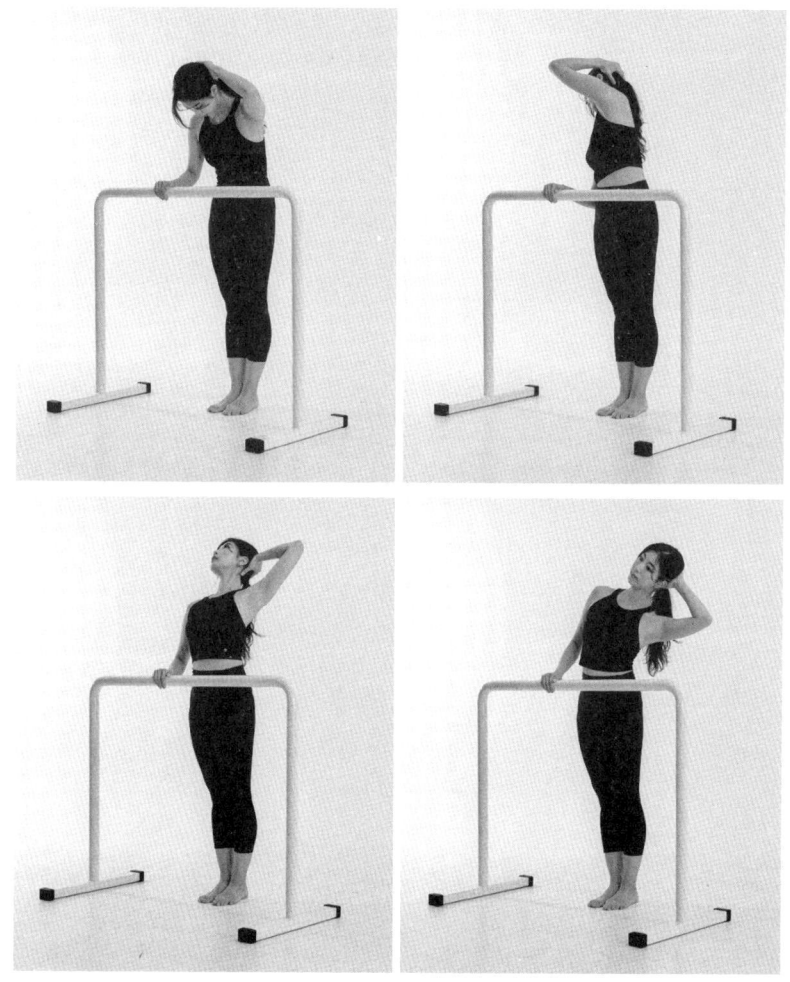

흉추의 다양한 면 움직임

- 6번 발 포지션에서 한 손은 머리를 받치고 준비한다. 둔근과 내전근의 힘을 유지한다.
- 시선과 함께 등의 움직임이 끊기지 않도록 연결하며 굴곡-외측 굴곡-신전-외측 굴곡-굴곡 순으로 회전하여 돌아온다.
- 허리가 과도하게 움직이지 않게 주의하면서 반대쪽으로도 반복한다.

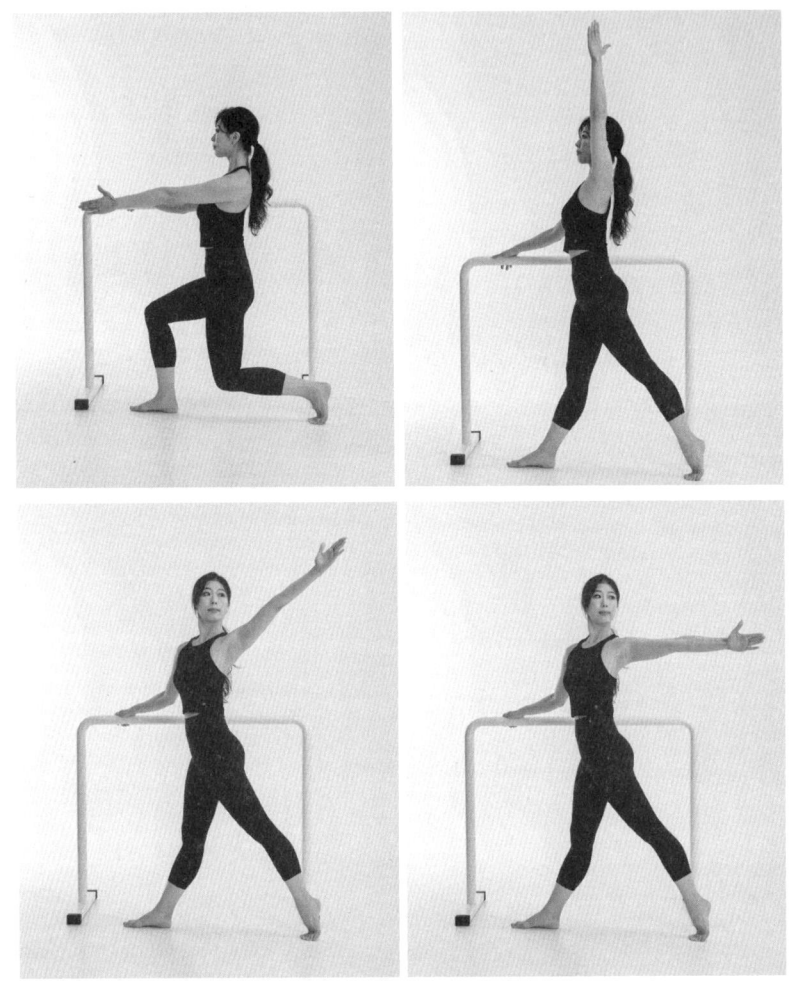

흉추 회전을 위한 런지 로테이션

- 몸의 옆에 위치한 바를 한 손으로 잡고 반대 팔은 앞으로 나란히 한다. 한 다리를 뒤로 뻗어 런지 포지션에서 준비한다.
- 무릎을 피면서 동시에 팔은 위로 만세한다.
- 시선과 함께 등을 회전시키고 손끝으로 큰 포물선을 그리며 팔을 뒤로 길게 뻗는다.

- 다시 위로 포물선을 그리며 런지 자세로 돌아온다.

*동작의 흐름이 끊기지 않게 연결한다.

어깨
Shoulder

어깨의 구조
Shoulder structure

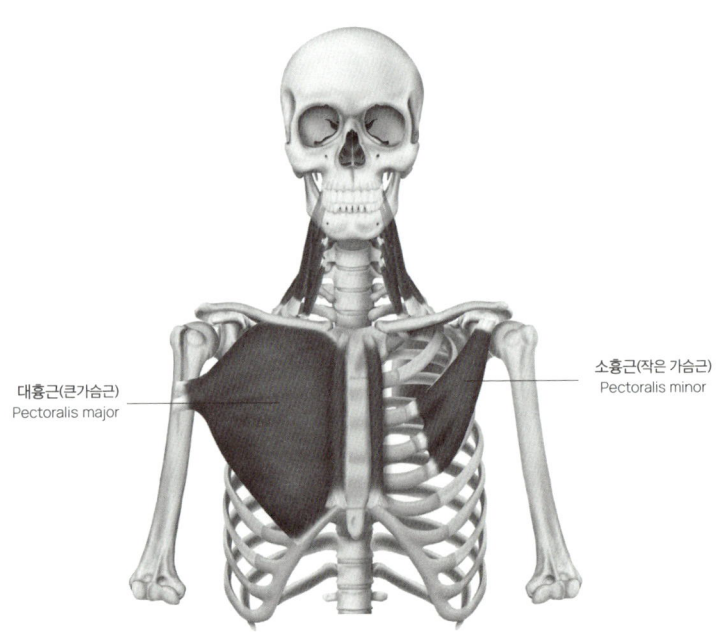

어깨 전면 근육

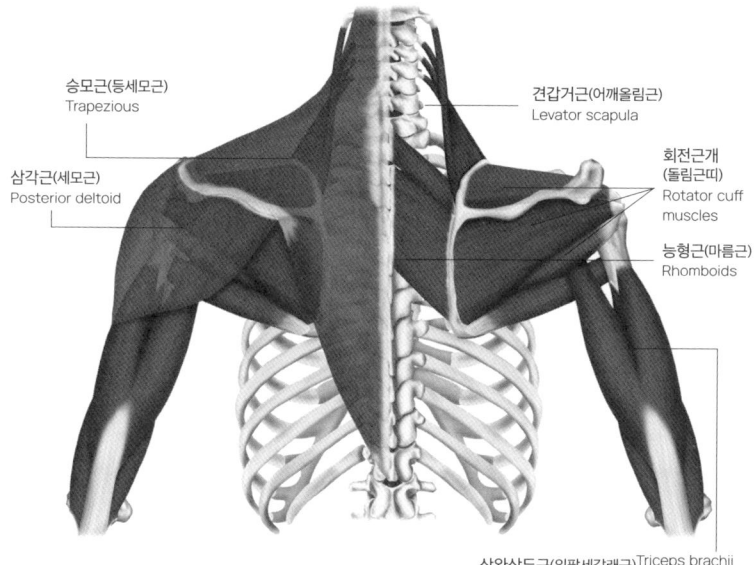

어깨 후면 근육

　어깨는 상완골, 쇄골, 견갑골로 이루어져 있다. 고관절과 마찬가지로 구상관절로 이루어진 어깨관절은 상완이두건과 회전근개건에 의해 연결된다. 회전근개(돌림근띠)Rotator cuff는 4개의 근육으로 이루어져 있으며 모두 견갑골에서 시작되어 상완골 결절에 붙어 관절의 다양한 움직임을 만들어낸다. 팔의 불안정한 움직임을 보완하고 견갑골을 안정화시키는 일명 어깨의 코어 근육으로 어깨 관절을 불안정하지 않게 잡아주는 안전벨트라고 볼 수 있다. 잘못된 자세와 움직임으로 인해 회전근개의 기능이 떨어진 상태에서 팔을 올리거나 돌릴 때 회전근개와 어깨뼈인 견봉이 충돌하면서 통증이나 부상의 위험이 높아진다. 따라서 어깨를 움직일 땐 회전근개의 활성화와 동시에 어깨 주변 근육의 조화로운 수축이 필요하다. 어깨의 안정화 근육과 큰 힘을 내는 근육의 역할이 바뀌게 되면 조절되지 않는 움직임이 나오게 되고 스트레스를 증가시킨다. 이를 방지하기 위해 근 비대 운동을 하기 전,

먼저 어깨의 경직을 풀고 연부조직의 유연성을 회복해야 한다.

견갑골은 일반적으로 흉추의 가시돌기와 손가락 3-4개 정도의 간격을 두고 병행하여 위치한다. 손바닥 만한 크기의 견갑골은 작은 관절들에 의해 흉벽에 연결되어 있으며, 많은 근육들이 겹겹이 층^{Layered}을 이루며 이 관절들을 안정화시킨다. 견갑골의 움직임은 거상, 하강, 전인, 후인, 상방회전, 하방회전으로 다양하고, 그만큼 불안정성에 취약하다. 견갑골을 안정적으로 움직이기 위해서는 경추와 흉추의 올바른 움직임이 선행되어야 하고, 어깨관절을 바르게 정렬하여 주변 근육들과의 균형과 협응능력을 기르는 것이 중요하다. 대표적인 견갑골 안정화 근육으로는 승모근, 전거근, 능형근이 있다. 승모근은 경추와 흉추에 크게 연결되어 등을 덮고 있는 근육으로 전거근과 함께 안정성에 기여한다. 전거근은 견갑골을 안정화하고 버텨줌과 동시에 갈비뼈를 안정화시킨다. 능형근은 견갑골을 후인 및 하방회전시키기도 하지만 견갑골이 갈비뼈에서 뜨지 않게 잡아주는 근육으로 견갑골이 불안정하다면 전거근과 능형근의 조절 능력을 함께 살펴보아야 한다. 능형근의 문제는 날갯죽지 및 목 통증뿐 아니라 회전근개의 기능과도 연결될 수 있다. 그 외 어깨의 주요근육인 광배근은 큰 힘을 내는 역할을 담당하며, 견갑골을 간접적으로 움직이며 안정화에도 기여한다. 어깨 앞쪽에 위치한 소흉근과 대흉근은 대표적인 가슴근육으로 팔을 들기 어렵거나 어깨 앞쪽에 통증이 있다면 긴장의 정도와 기능을 확인해야 하는 근육이다. 소흉근은 견갑골의 하방회전과 전방경사를 만들고 팔을 움직일 때 견갑골을 안정화시킨다. 따라서 어깨정렬에 따라 영향을 받고 2차 호흡근이기 때문에 호흡패턴에 따라 긴장도가 높아질 수 있다. 소흉근이 단축되면 견갑골을 앞으로 당겨, 말린 어깨와 굽은 등을 유발하고 어깨의 기능을 제한한다. 대흉근의 단축 또한 상완골을 앞으로 당겨 말린 어깨와 굽은 등을 유발하므로 어깨 앞쪽의 과긴장을 완화하는 것은 견갑골의 안정화를 위해 반드시 필요하다.

견갑상완리듬
Scapulohumeral rhythm

팔을 들어 올릴 때 견갑골의 움직임

팔을 들어 만세 자세를 취할 때에는 어깨관절 가동범위 중 견갑골에서 초기 움직임이 나오고, 상완골에서 움직임이 뒤따라야 팔을 편안하게 들어 올릴 수 있다. 견갑골에서 초기 가동범위가 나오지 않으면 상완골에서 견갑골이 못다한 움직임까지 보상하여 과도하게 움직여야 하기 때문에 어깨나 등의 통증으로 이어질 수 있다. 견갑골의 상방회전 중에는 전거근, 상부 승모근, 하부 승모근의 작용이 원활하게 이루어져야 하며, 이 근육들의 불균형은 잘못된 움직임 패턴으로 이어지기 때문에 견갑골을 상방회전할 때에는 전거근과 승모근의 조화로운 사용에 집중한다. 어깨에 불편감이 있는 경우라면 팔을 들어 올릴 때 귀 앞에서 움직이는 것이 좋고 어깨 뒤로 팔이 넘어가지 않도록 주의한다. 통증이 있는 경우에는 가동범위 설정에 주의가 필요하며, 그 정도가 심한 경우 어깨 위로 팔을 들어 올리지 않게 하고 어깨 아래에서 팔을 움직이며 가능한 범위를 점차 확장한다.

어깨 통증을 위한 안정되고 유연한 폴 드 브라
Stable and flexible port de bras for shoulder pain

어깨의 가동성을 위한 스트레칭 및 운동
Stretching and exercises for shoulder mobility

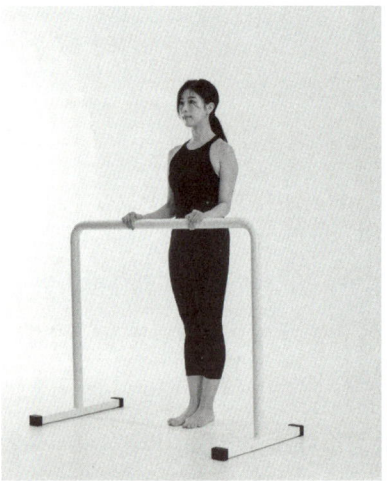

어깨관절을 부드럽게 하는 숄더 롤링

- 바를 잡은 상태에서 어깨를 열고 준비한다.
- 어깨를 앞, 위, 뒤, 아래로 부드럽게 돌리며 양쪽을 같은 리듬으로 움직인다.
- 앞에서 뒤로, 뒤에서 앞으로 어깨를 돌리며 동작을 반복한다.

광배근 바 스트레칭

- 바를 잡고 한발 뒤로 물러나 고관절을 굴곡하여 척추를 길게 늘린다.
- 무릎을 접어 어깨 쪽으로 체중을 실으며 광배근이 늘어나게 한다.
- 어깨에 불편감이나 통증이 있다면 주의해서 동작을 반복한다.

능형근 바 스트레칭

- 양손을 모아 바를 잡는다.
- 한쪽 손으로 바를 잡아당기고 한쪽 팔은 바를 밀어내며 저항한다.
- 바를 잡아당기는 쪽의 등이 늘어난다.

어깨 안정성 및 팔 근력 강화 운동

Shoulder stability and arm strength exercises

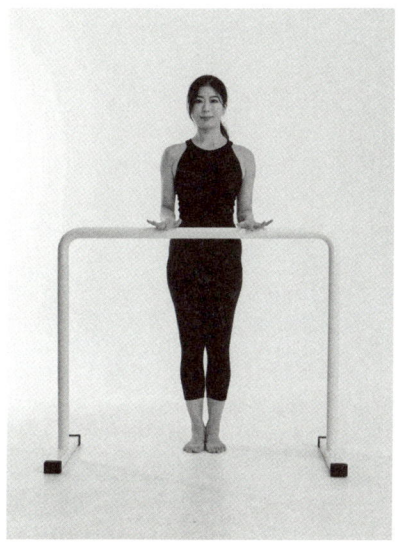

어깨와 날개뼈를 내리는 프레스 바

- 양쪽 어깨를 열고 정렬을 바르게 하여 준비한다.
- 손바닥을 펼쳐 어깨 뒤쪽과 등의 중, 하부 힘으로 바를 눌러준다.
- 목에 힘이 들어가지 않도록 주의하며 동작을 반복한다.

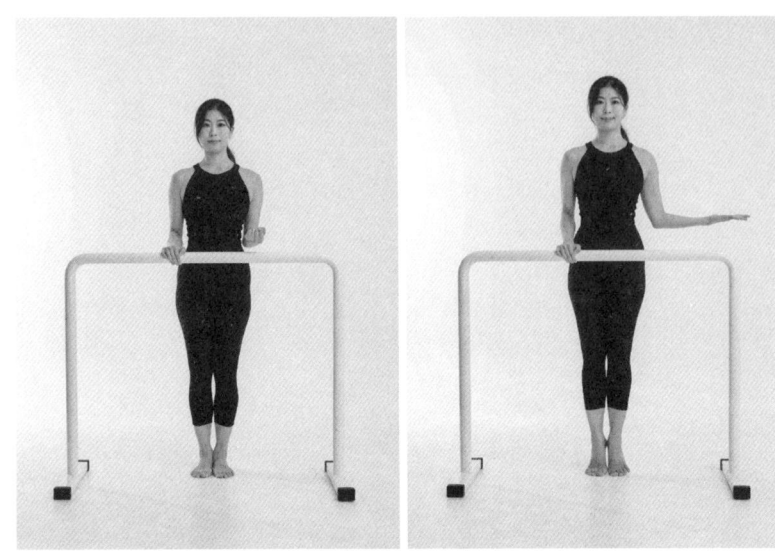

어깨관절을 열어주는 서빙

- 6번 발 포지션에서 한쪽 팔은 바를 잡고 다른 한 팔은 주먹을 쥐고 팔꿈치를 구부려 준비한다.
- 어깨를 외회전하며 주먹을 펼쳐 밖으로 열어준다. 동시에 발은 힐 업하여 뒤꿈치를 들어 올린다.
- 다시 주먹을 쥐며 어깨를 내회전하여 시작 자세로 돌아온다. 동작을 반복한다.

*상완골의 회전 움직임에 집중한다.

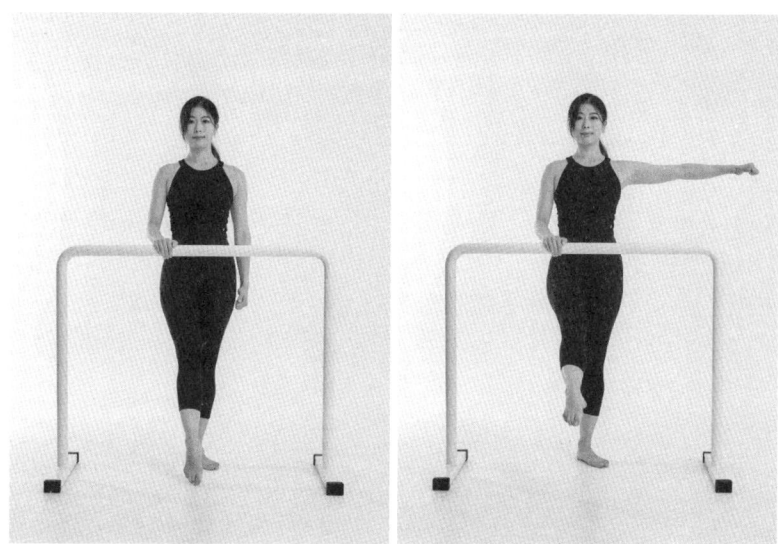

어깨 안정성과 함께 측면 삼각근을 강화하는 다이아고날 업

- 1번 발포지션에서 한쪽 다리를 앞으로 내밀어 준비한다.
- 다리를 들어 올림과 동시에 반대편 팔을 옆으로 들어 올린다. 어깨가 말리지 않도록 동작에 주의한다.
- 몸통의 사각을 지키면서 팔과 다리를 내린다.
- 삼각근과 고관절 주변에 힘을 주어 함께 들어 올리며 동작을 반복한다.

*팔 움직임 시 상부 승모근의 과도한 긴장을 주의한다.

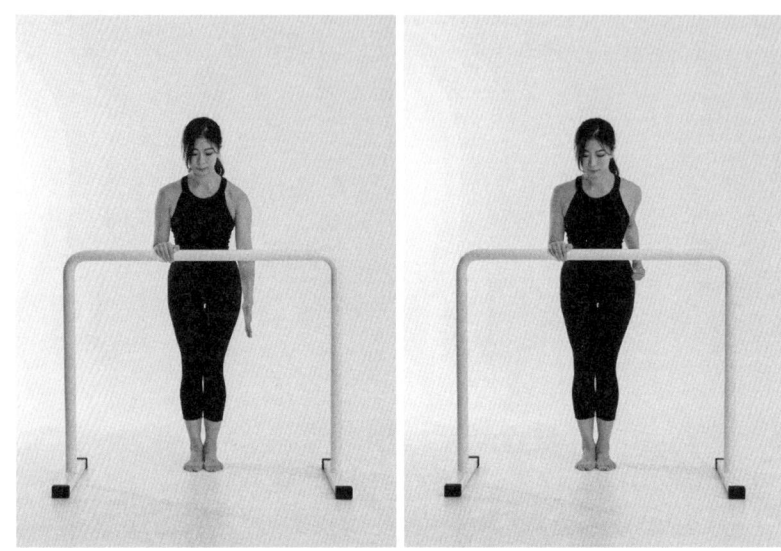

견갑골 안정화 근육을 강화하는 로우 쁠리에

- 6번 발 포지션에서 무릎을 살짝 구부리고 고관절은 접어 척추를 길게 펴서 준비한다. 한 팔은 바를 잡고 한 팔은 사선 앞으로 길게 편다.
- 팔꿈치를 접고 주먹을 쥐며 팔과 어깨를 뒤로 당긴다. 몸통이 회전되거나 어깨가 올라가지 않도록 주의한다.
- 팔꿈치를 펴서 동작을 반복한다. 어깨 후면과 등의 중, 하부가 자극되도록 한다.

어깨 후면과 등의 중, 하부를 강화하는 버터플라이

- 6번 발 포지션에서 무릎을 살짝 구부리고 고관절은 접어 척추를 길게 펴서 준비한다. 한 팔은 바를 잡고 한 팔은 손등이 밖을 바라보게 하여 앞으로 길게 편다.
- 몸통의 사각을 유지하며 어깨 뒤쪽과 등의 중, 하부의 힘으로 팔을 수평 외전한다.
- 팔을 수평 내전하여 동작을 반복한다.

*팔과 등을 전체적으로 길게 사용하며 움직인다.

상완삼두근과 둔근을 함께 강화하는 이스케이프

- 1번 발 포지션에서 한쪽 다리를 뒤로 뻗어 준비한다. 다리의 반대편 팔은 주먹을 쥐고 팔꿈치를 접어 상체를 살짝 숙여 준비한다.
- 어깨를 열고 팔꿈치를 뒤로 뻗으며 상완삼두근을 자극한다. 동시에 둔근의 힘으로 다리를 들어 올린다.
- 다시 팔꿈치를 구부리며 상완이두근을 자극한다. 동시에 들었던 다리는 내린다.
- 팔과 다리를 함께 뒤로 뻗으며 팔, 어깨의 뒤쪽과 둔근의 힘이 사선으로 연결되어 강화되도록 한다.

*요추의 과도한 긴장을 주의한다.

어깨를 열고 팔을 길게 뻗어 빠르게 움직이는 펄스

- 1번 발 포지션에서 쁠리에한다. 한 다리를 뒤로 뻗으며 상체를 바 쪽으로 살짝 숙여 준비한다.
- 뒤로 뻗은 다리의 반대편 팔을 외회전하여 엄지손가락이 하늘을 바라보게 한다. 팔이 길어지는 느낌으로 팔꿈치를 뻗으면서 팔을 단단하게 한다.
- 어깨를 열고 팔을 뒤로 빠르고 작게 올리며 후면 삼각근, 광배근, 둔근의 연결되는 힘을 느껴본다.

*움직이는 팔의 어깨와 반대편 어깨의 서로 멀어지려는 저항을 통해 몸이 한쪽으로 기울어지는 것을 방지한다.

머리와 목
Head and neck

머리와 목의 구조
Head and neck structure

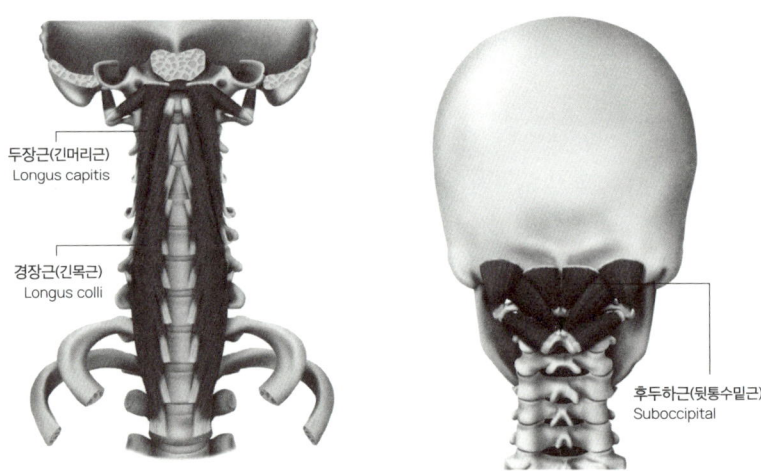

경추 심부 굴곡근과 후두하근

우리의 목은 볼링볼만큼 무거운 머리를 지탱하고 있다. 머리와 몸통을 이어주며 얼굴이 다양한 방향으로 움직일 수 있게 한다. 잘못된 자세, 노화, 스트레스 등으로 인해 목이 경직되면 단순히 만성적인 목 통증뿐만 아니라 두통 및 어깨 통증으로 이어질 수 있다. 볼링공을 한 손으로 잡고 팔을 쭉 펴고 있다고 생각해 보자. 팔이 굉장히 무겁고 아플 것이다. 거북목이 있는 사람들의 목은 매 순간 이러한 스트레스를 받고 있다.

목 주변에는 판상근, 사각근, 흉쇄유돌근, 승모근 등 많은 근육이 겹겹이 모여 있다. 그 중 심부에 위치한 목 굴곡근Deep neck flexor의 주요 근육으로는 두장근Longus capitis과 경장근Longus colli이 있다. 두장근은 경추의 앞쪽에 위치한 근육으로, 머리를 굴곡하고 회전시키며 목을 안정적으로 잡아주는 역할을 한다. 경장근은 두장근 바로 아래에 있는 근육으로, 목을 앞으로 굴곡하고 안정된 상태를 유지할 수 있게 돕는다. 이러한 두 근육은 목의 깊은 곳에 위치해 있어 잘 보이지 않지만, 목의 코어로 불리며 경추의 전만유지와 안정화, 효율적인 호흡 패턴을 유도한다.

경장근과 두장근의 기능이 약화되면 흉쇄유돌근이나 사각근 등 호흡의 보조근들이 우세하게 사용되고 목 뒤쪽 근육이 긴장하게 되어 통증을 유발할 수 있다.

목의 뒤쪽에는 후두하근Suboccipital이라는 근육이 심부에 위치하며 후두부와 경추를 연결하고 대칭으로 머리를 받치는 네 개의 근육으로 구성된다. 일자목이나 거북목이 있는 사람들은 후두하근의 기능이 떨어지게 되고, 이는 분절안정화 능력의 약화와 함께, 두통 및 디스크의 근본적인 원인이 될 수 있다. 목 통증의 완화를 위해서는 뒤쪽 근육의 경직과 앞쪽 근육의 약화를 해결함과 동시에 잘못된 자세를 인지하고 수정하는 작업이 중요하다.

경추의 정렬과 턱 당김
Cervical alignment and chin-tuck

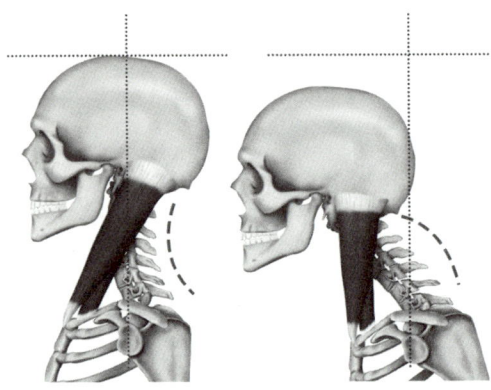

이상적인 정렬과 거북목

　경추의 이상적인 정렬을 위해서는 눕거나 앉거나 서 있는 정적인 자세에서 시선은 정면을 바라보았을 때 목의 뒷부분이 완만한 C커브를 만들어야 한다. 또한 옆에서 보았을 때 어깨관절과 귓볼의 뒷부분이 최대한 수직을 이루고 있어야 한다. 앞에서 보았을 때는 쇄골 가운데와 코끝이 수직을 이루는 정렬이며, 양쪽 귀가 보이는 크기나 위치로 경추의 회전과 기울어짐을 확인해 볼 수 있다. 앞과 뒤에서 보았을 때 경추는 요추, 흉추와 일직선상에 있어야 하고 전체적으로 대칭을 이루어야 한다. 안정된 자세에서는 경추의 과신전(시선이 위로 올라감)이나 과굴곡(시선이 아래로 떨어짐)이 일어나지 않아야 하고, 목 주변 근육에 긴장감이 없는 편안한 상태여야 한다.

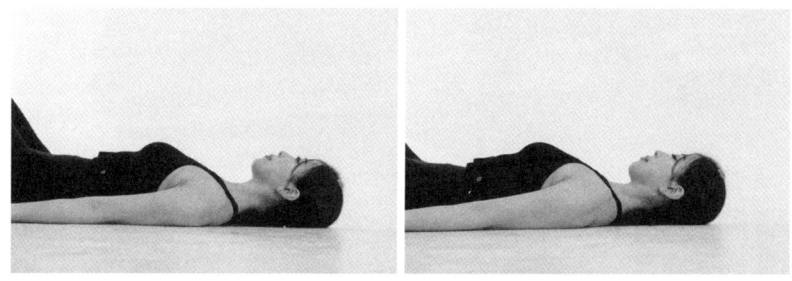

경추 굴곡 시 턱 당김, 끄덕임

 목을 굴곡하는 모든 동작에서는 머리가 뒤로 과하게 꺾이지 않도록 고개를 끄덕Head nods여 심부 경추 굴곡근Deep cervical flexor을 활성화하고, 후두하근을 길게 늘려 턱을 목 안으로 살짝 당겨주어야 한다. 간혹 턱을 강하게 당겨 흉쇄유돌근Sternocleidomastoid, SCM을 비롯한 목의 주변 근육들이 긴장할 수 있으니 움직임이 과하지 않도록 주의한다.

편안한 목을 위한 머리 위치 잡기
Positioning Head for Neck Comfort

어웨이 바 헤드 포지셔닝 운동 Away bar head positioning

머리 위치 잡기

- 바를 등 뒤에 놓고 6번 발 포지션에서 준비한다.
- 거북목 모양이 되도록 머리를 앞으로 내민다.
- 뒤통수를 뒷 사선으로 길게 당겨 목 위로 머리를 가져온다. 목과 등을 세우는 후면 깊숙한 근육과 목 앞쪽 심부굴곡근의 사용을 인지해 본다.
- 동작을 반복하며 머리와 목의 올바른 정렬을 느낀다.

*부드럽게 움직이도록 하며, 목 주변의 불필요한 긴장을 주의한다.

시선처리 Eye positioning

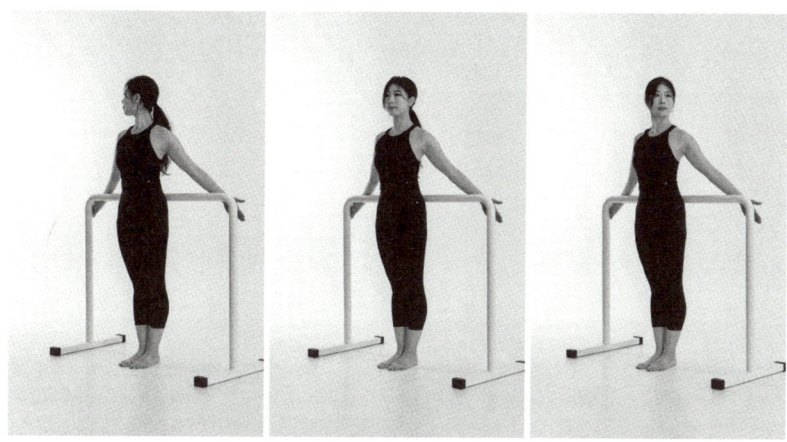

회전 시 경추와 시선의 움직임

- 바를 등 뒤에 놓고 6번 발 포지션에서 준비한다.
- 시선이 아래로 떨어지지 않도록 주의하며 한쪽으로 목을 회전한다. 반대편 어깨가 따라오지 않게 주의한다.
- 반대쪽으로 목을 회전하며 동작을 반복한다. 목이 기울어지지 않게 한다.

*회전 시 경추의 회전 범위가 균등한지 확인한다.

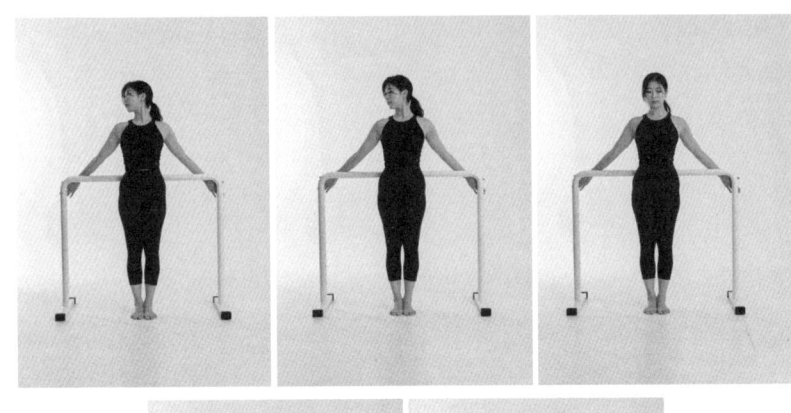

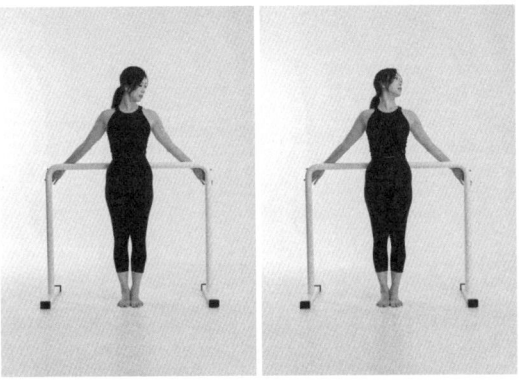

다양한 면에서의 경추와 시선의 움직임

- 바를 등 뒤에 놓고 6번 발 포지션에서 준비한다.
- 목을 회전한 상태에서 살짝 신전하여 목 앞, 옆쪽에 위치한 흉쇄유돌근과 사각근을 늘린다.
- 턱을 당겨 목을 굴곡하며 포물선을 그리며 반대편으로 이동한다.

*시선과 함께 경추가 움직이도록 한다.

상체와 시선이 함께 움직이는 폴 드 브라
Port de bras with synchronized upper body and gaze

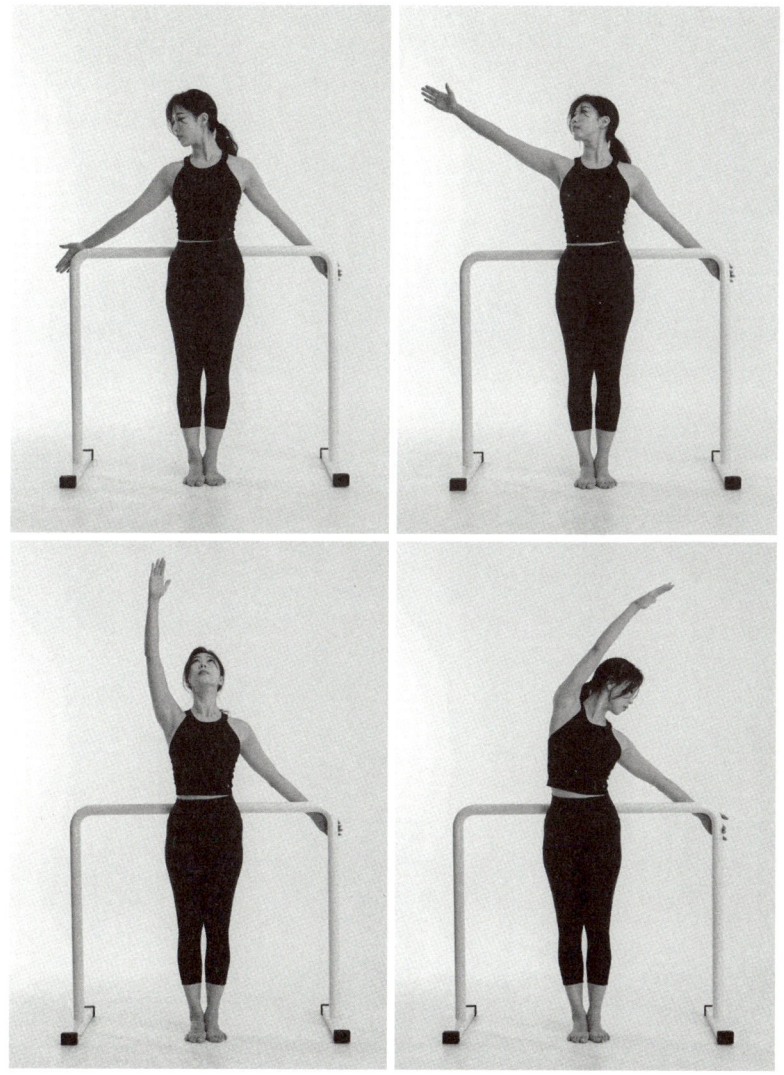

레인보우

- 한 손으로 바를 잡고 반대쪽 팔은 위로 올려 상체와 함께 외측 굴곡한다. 목과 시선은 손끝을 따라간다. 어깨가 과하게 올라가지 않도록 주의한다.
- 목과 시선이 상체와 함께 큰 무지개를 그리듯 시작 자세로 돌아온다. 동작을 반복한다.

*시선과 함께 경추와 팔이 움직이도록 한다.

스완 암

- 6번 발 포지션에서 손바닥을 골반 뒤쪽에 붙여 어깨를 여는 자세로 준비한다.
- 시선과 함께 양팔을 위로 들어 올려 손등이 서로 맞닿게 한다. 풀업하여 전신이 길어지도록 한다.
- 어깨를 열어 양팔을 어깨 뒤로 보내며 시선은 턱을 당겨 발끝을 내려다본다.
- 양팔을 올리면서 동작을 반복한다. 어깨가 과하게 올라가지 않도록 주의한다.
- 동작이 익숙해졌다면 흉추의 굴곡과 신전 움직임을 함께 한다.

고유 수용성 감각 테스트 Proprioceptive sensory test

클로징

- 6번 발 포지션에서 준비한다. 바를 잡은 상태에서 눈을 감고 한 발을 들어 올린다.
- 나머지 한 손을 놓고 양팔은 옆으로 나란히 하여 중심을 잡는다.
- 바레 수업의 전과 후를 비교해 본다.

마치며
In closing

　이 책에 소개된 동작들은 저자의 철학과 주관이 담긴 메디컬 바레의 기본 시퀀스를 바탕으로 하며, 시상면을 따라 이루어지는 움직임으로 시작해서 복합적인 면을 활용하며 확장됩니다. 메디컬 바레 트레이닝이 다른 운동과 가장 크게 차별화 되는 점은 부자연스러운 움직임을 가진 사람들을 위해 손끝과 발끝, 시선처리까지 가이드한다는 데 있습니다. 이를 활용하여 우리는 인사하거나 손을 내밀거나 혹은 커피잔을 내려놓는 상황 등 일상생활 속 동작들까지도 미세하게 조절하여 편안하고 우아한 움직임을 완성할 수 있습니다. 운동을 시작하기 전에는 바를 두 손으로 잡는 것조차 어렵게 느껴질 수 있지만, 바를 두 손에서 한 손으로 잡고 두 발에서 한 발로 서는 동작을 반복하다 보면, 눈을 감고도 안정된 중심을 유지하는 놀라운 경험을 하게 될 것입니다. 바레 트레이닝은 마치 한 편의 공연처럼, 동작의 기승전결을 몸으로 표현하며 각 동작마다 이야기를 담고 있습니다. 이 운동은 작고 차분한 다리의 움직임으로 시작하여 강렬한 에너지와 유연함을 동반하는 백조의 동작으로 마무리됩니다. 바를 활용한 운동을 마친 후에는 그 어떤 움직임이나 운동도 자유롭게 수행할 수 있는 가능성이 열릴 것입니다. 이 과정을 통해 여러분의 몸이 새로운 방식으로 깨어나기를 바랍니다.

 책에 삽입된 사진을 촬영해 주신 이태호 작가님, 발레를 전공한 저를 스포츠의학과 연결시켜주신 픽스니스 김진만 대표님, 강사로서 풀기 어려운 인체의 비밀들을 풀 수 있게 도와주시는 차의과학대학교 스포츠의학 대학원 홍정기 교수님, 항상 옆에서 의학적인 조언으로 지지해 주시는 차의과대학교 분당차병원 임재현 교수님께 감사드립니다. 20대에 만나 《발레 홈트》를, 30대에 《필라테스 강사가 되고 싶어》를, 그리고 이후 이 세 번째 책을 집필할 수 있게 도움주신 출판사 대표님, 편집자님에게 감사드리며, 마지막으로 저를 위해 기도해 주시는 부모님과 이 모든 작업이 가능하게 하신 하나님께 영광을 돌립니다.

참고문헌
Reference

이가람, <발레 홈트>, 프로제, 2018.

박종훈, <잘먹고, 잘자고, 잘 놀면 돼!>, 파지트, 2023.

은상수, <정형외과 운동법>, 북레시피, 2018.

홍정기, <운동말고 움직임 리셋>, EBS books, 2022.

배진수, <물리의 뽈리에>, 2022.

정진우, <그림으로 보는 근골격 해부학 제6판>, 대학서림. 2021.

정재왈, <발레에 반하다> 나의 문화 교과서, 2010.

비제이 바드, 피터 오키오그로소, <100년 허리를 위한 운동 처방전Back Rx>, 동글디자인, 2024

도널드 뉴만, <kinesiology 근육 뼈대계통의 기능해부학 및 운동학>, 범문에듀케이션, 2018.

Phil Page, Clare C. Frank, Robert Lardner, <얀다의 근육 불균형의 평가와 치료>, 영문출판사, 2020.

Thomas W. Myers, Anatomy Trains, 2020.

Letton ME, Thom JM, Ward RE. The Effectiveness of Classical Ballet Training on Health-Related

Muscles : testing and function with posture and pain. Kendall

Movements and Functions between Pilates and Ballet, 2018.

그레이쿡, Movement : functional movement systems,

NASM essentials of corrective exercise training. 교정운동학

오은영, Oriental pilates basic movement principle, 오리엔탈 필라테스 교재.

오은영, Oriental pilates mat level 1,2, 오리엔탈 필라테스 교재.

Outcomes: A Systematic Review. J Phys Act Health. 2020Palpation rod map. 2021

Textbook of Orthopaedic Medicine (골·관절을 중심으로 하는 운동기계의 질환) Vol. 1: Diagnosis of Soft Tissue Lesions(연조직 병변 진단)

Dr. Shirley Sahrmann, 운동 손상 증후군의 진단과 치료,

Dr. Vladimir Janda, 근육 불균형의 평가와 치료,

Dr. James Cyriax 촉진기능해부학(상지,하지) TAKAAKI AOKI

노연경, "발레의 바(Bar)연습을 위한 교수 방법 연구." 국내석사학위논문 이화여자대학교, 1999.

유종선, 발레 활성화를 위한 초심자 교육 프로그램개발에 관한 연구, 한성대학교, 2001.

박재홍, 발레 스탠스의 목적과 단계별 수행, 한성대학교, 2012.

오윤하, 발레 필라테스 프로그램 개발 및 효과 검증, 2014.

이재선, 발레핏(Balletfit) 프로그램이 체형 변화에 미치는 효과, 2018.

김윤경, 필라테스와 발레의 기본동작 및 기능 비교연구, 석사 학위논문 안

동대학교, 2018.

Yea-Jin Choi, Seoung-Ho, 발레 자세 교정을 위한 발레 동작 코칭 시스템, 2022.

한누리, 발레운동이 거북 목 증후군 여성의 체력, 통증 및 경추 정렬에 미치는 효과, 2022.

장소정, 발레 기본기 훈련 프로그램의 부상 예방 효과 – 프로그램 참여자들의 경험에 대한 생체역학적 분석, 2022.

윤예림, '계단 오르면 오래 산다길래"…엘베 안 타더니 '수명' 늘어났다', 서울신문, 2024.

최혁우, 자연 재생 어려운 무릎 연골, 진행되는 퇴행성 관절염 건강수명 관리법, 헬스인뉴스, 2021.

바레 교과서
발레와 재활 필라테스의 효과를 결합하다

발행일 2025년 2월 28일
펴낸곳 현익출판
발행인 현호영
지은이 이가람
감 수 홍정기(차의과학대학 스포츠의학대학원 원장)
자 문 임재현(분당차병원 교수)
편 집 송희영
표 지 김혜진
주 소 서울시 마포구 월드컵북로 58길 10, 팬엔터테인먼트 9층
팩 스 070.8224.4322
이메일 uxreviewkorea@gmail.com

ISBN 979-11-93217-93-1

＊ 현익출판은 골드스미스 출판그룹의 일반 단행본 브랜드입니다.
＊ 출판사의 허가 없이 본 도서를 편집 또는 재구성할 수 없습니다.